金融環境の変化と中小企業

一般財団法人　商工総合研究所

はしがき

　わが国の中小企業を巡る金融環境は大きく変化してきています。バブル崩壊後、金融環境はほぼ一貫して緩和状況にあり、21世紀に入ると超金融緩和ともいえる状況となってきました。しかし、中小企業は金融緩和下にありながらも厳しい経営状況が続いてきました。中小企業向け貸出も低迷し、１９９０年代後半以降は金融システム不安の発生とともに中小企業に対する貸し渋りが大きな問題としてクローズアップされました。

　一方で、この間の金融環境の変化は、貸し手側の金融機関に対しても大きな影響を与えてきました。まず住専問題が起きるとともに多くの金融機関が破綻し、１９９７年には大手金融機関も破綻する状況に至りました。さらに、自己資本比率規制や早期是正措置の導入、また不良債権早期処理の要請やリレーションシップバンキングの強化と、この間の金融機関経営も大きく変化してきました。他方、金融行政は事前指導から事後監視へと移行し、金融機関の監督官庁が大蔵省から最終的には金融庁へと移っています。このような構造的ともいえる金融環境変化に中小企業はどのように対応してきたのでしょうか。中小企業と金融機関との関係や、脆弱とされてきた中小企業の財務体質には変化が起きているのでしょうか。

本書は、こうした問題意識のもとに、わが国の金融環境の変化、金融機関の動向、中小企業の財務体質の変化などを分析したものです。

本書が中小企業経営者の皆様方をはじめ、中小企業問題に携わる方々の参考に供されれば幸いです。

平成二十七年二月

一般財団法人　商工総合研究所　理事長　児玉幸治

目次

目次

目次

はじめに

本書は二部構成としている。

第Ⅰ部では、中小企業を巡る金融環境の変化として、緩和が続いた金融情勢や、金融システム不安、中小企業への貸し渋り、リレーションシップバンキングの強化など、バブル崩壊後に起きた金融環境の激変について分析した。

まず第１章で、主にバブル崩壊後のわが国の金融環境の変化を振り返った。長期不況、金融システム不安、中小企業への貸し渋り、日銀による超金融緩和、リーマンショックと世界同時不況、中小企業金融円滑化法、東日本大震災への対応など、最近までの中小企業を巡る金融環境の変化を辿った。

次に第２章で、バブル崩壊後の住専処理からはじまり、大手金融機関の破綻、不良債権処理の加速とリレーションシップバンキングの強化など、金融機関の側の推移について中小企業金融との関わりを中心にその動向を辿った。

第Ⅱ部では、第Ⅰ部でみたような金融環境の激変の中で、中小企業がどのように対応してきたのか、脆弱とされる中小企業の財務体質や借入依存体質に変化はあったのか、金融環境との関係も含めて分析するとともに、中小企業の発展段階における各ステージの資金調達についても現状と課題を示した。

第1章では、金融機関貸出、中小企業の資金繰り、企業倒産などの動向を振り返り、中小企業の倒産について分析するとともに、中小企業の倒産と財務内容との関係についても注目すべき点を指摘した。

第2章では、中小企業の財務構造等の動向について、第Ⅰ部の金融環境の変化を受けてどのように推移してきたのか分析した。1では、中小企業の特徴的な財務指標の動きや、バランスシート調整と3つの過剰問題などについて、中小企業金融の視点も含めて分析した。2では、中小企業の借入に焦点を当て、借入金と企業行動、中小企業の資金調達・運用構造の分析や、付加価値とキャッシュフローの視点からの収益力分析などを行った。

第3章では、中小企業の発展段階における各ステージの資金調達の動向を探った。特に中小企業にとって節目となる時期である事業承継時や創業時における資金調達の動向について、詳しく分析した。

第Ⅰ部　中小企業を巡る金融環境の変化

第1章 大きく変化した金融環境

中小企業を巡る金融環境は大きく変化してきた。バブル崩壊後のわが国の金融環境を振り返ると、ほぼ一貫して緩和状況にあった。それにもかかわらず、中小企業向け貸出は低迷し、中小企業は金融緩和下にありながらも厳しい経営状況が続いてきている。

過去の高度成長期、資金不足経済といわれた時期には、中小企業金融は金融全体の繁閑に大きく左右された。わが国の景気が過熱し、金融が引き締められると、まず中小企業向けの貸出が絞り込まれ、資金繰りが逼迫する状況となった。金融の量的な制約が中小企業金融に常について回る問題であった。しかし、バブル崩壊後は景気回復期においても不況色を払拭しきれない状況となる中、中小企業は総じて資金繰りが厳しい状況に置かれてきた。さらに、１９９７年以降、大手の金融機関が破綻し金融システム不安が起きる事態に至ると、中小企業に対する貸し渋り、貸し剥がしという、従来とは異なった状況が発生した。金融全体としては緩和状態にあるにもかかわらず、特に中小企業向けに必要な資金が十分にいきわたらずパイプが目詰まりした状態という、過去とは異なった金融環境に中小企業がおかれる状況となった。

一方で、バブル崩壊後、失われた10年（20年）の間の変化は、貸し手側の金融機関においても大きかったといえる。まずバブル崩壊の後遺症から住専問題[注1]が起き、次いで大手の金融機関が倒産して金融システム不安をもたらした。さらに、自己資本比率規制や早期是正措置の導入、また不良債権早期処理の要請やリレーションシップバンキングの強化と、金融機関を取り巻く状況は大きく変化した。この間、わが国全体の金融は総じて緩和状況が続き、特に金融システム不安後、21世紀に入る頃には日銀がまずゼロ金利政策を実施し、続いて新しい量的緩和政策を実施したことから、わが国は超金融緩和状況となった。なお、金融不祥事の発生と並行して金融行政が事前指導から事後監視型へと移行し、金融機関の監督官庁は大蔵省から金融監督庁、金融再生委員会、金融庁へと移行していった。

次に、少し詳しくこの間の動きをみてみよう。

1　公定歩合、過去の世界最低水準を更新

バブル崩壊後、わが国が景気後退に入ったことを背景に、１９９１年に金融は緩和に転じた。１９９５年までの間に公定歩合は９回にわたって引き下げられ、史上最低（当時）となった。金融緩和が続く中にあって、わが国の景気は１９９３年10月を景気の谷として回復局面に転じたものの、バブルの後遺症や円高の進行等から回復のテンポは極めて緩やかであった。

さらに、住専問題の処理をはじめとする金融機関の不良債権問題などを背景に金融システムへの懸念が強まってきたこともあり、バブル崩壊後、長期にわたり金融緩和と低金利が維持された。

この間の金融情勢をみてみると、まず公定歩合は１９９０年８月に６・０％に引上げられていたが、１９９１年に入ると、１月に湾岸戦争（〜同年３月）が勃発し、すぐに米英等の多国籍軍側の勝利がほぼ確定したこと、それまでの金融引締め効果が現れてマネーサプライの伸びが急低下したことなどから、インフレ懸念が鎮静化した。

こうした状況下、バブル崩壊に伴い景気が後退局面入りしたことを背景に金融政策は緩和政策に転じた。公定歩合は１９９１年度に３回引き下げられ、年度末には４・５％まで低下した。１９９２年度にも３回の引き下げが実施され、１９９２年度末には２・５％の過去最低水準に並んだ。さらに、１９９３年９月には景気低迷の長期化を背景として引き下げが実施され１・75％と最低水準を更新した。１９９４年度は最低水準が維持されたが、１９９５年度に入ると急激な円高の進行や株価など資産価格の低迷へ対応すべく４月に１・０％へ引き下げられた。さらに７月には、日銀がコールレートの低め誘導策に踏み切り、そして９月には、経済の足踏み状態が長引くことが懸念されるとして、景気回復をより確かなものとするため、公定歩合は０・５％というそれまでの世界の最低記録（米国、大恐慌時の１・０％）を下回る史上最低の水準に引き下げられた。なお、当時相次いだ中小金融機関の破綻が金融不安につながるのを抑えるねらいもあったとされる。しかしながら、その後もわが国の景気回復テンポは依然緩慢だったため、世界的にも例のない超低金利が長期にわたり維持された（**図表Ｉ－１－１**）。

上記のような金融環境にあって、短期金利は公定歩合の引き下げを受け低下した。また長期金利も、景気回復期待感の高まりなどを反映して上昇する局面はあったものの、趨勢としては短期金利と同様に低下基調で推移した。こうした傾向は１９９７年に入るまで続いた。

貸出金利も低下した。短期プライムレートは公定歩合とほぼ連動して低下を続け、１９９０年12月の８・25％をピークに１９９５年９月には１・６２５％まで低下した。この水準は１９９６年度以降も続いた。一方、長期プライムレートも趨勢とし

（図表Ｉ－１－１）主要金利の推移

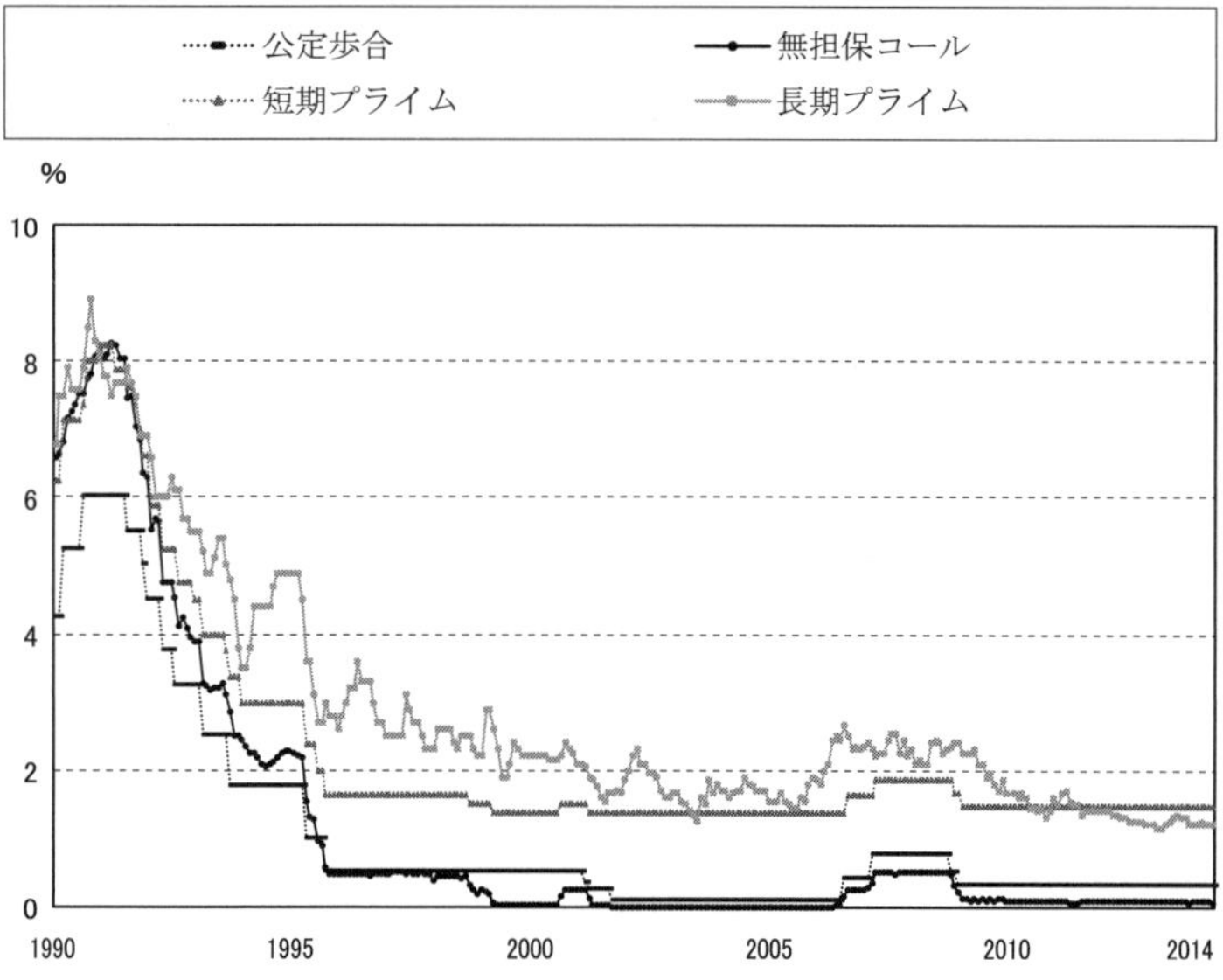

（資料）日本銀行
（注）公定歩合は2006年8月から基準割引率および基準貸付利率に名称変更

ては低下を続け、ピークであった１９９０年10月の８・９％から１９９６年度末には２・５％まで低下した。

２ 金融システム不安の発生とゼロ金利政策の実施

１９９０年代後半に入ると、金融緩和状況が続く中で金融システム不安が発生した。１９９７年、わが国は依然として景気の低迷が続き、金融は緩和基調が維持されていたが、11月に大手金融機関の経営破綻が相次ぐという事態が起き、わが国の金融システムに動揺が生じた。この時期、金融政策は緩和が維持され、１９９５年に史上最低水準となっていた公定歩合はさらに引き下げられてゼロ金利政策が実施された。市場金利も、ゼロ金利政策が実施されるなかでかつてない水準にまで低下した。

日銀は、破綻金融機関に対する特融（注２）の発動や、コールレートの急上昇に対する史上最高（当時）の３兆７、０００億円の資金供給などにより、金融システム不安の沈静化を図った。しかしながら企業マインドは冷え込み、一方で金融機関の貸出態度は慎重さを増し、その結果金融機関の企業向け貸出は低迷した。景気の悪化が続く中で、金融システム不安を背景に特に中小企業向け貸出を中心に貸し渋りの傾向が強まった。経済の先行きに対する不透明感も一層増していった。日銀は、１９９８年から翌年にかけてさらなる金融緩和措置を実施し、ゼロ金利政策という過去に例のない金融緩和に踏み切った。また、その後もデフレ懸念の払拭が展望できるような情勢になるまでこの緩和措置を続けるとした。２０００年度に入り景気回復の兆しが現れたことを受けて、日銀は1年半にわたった「ゼロ金利政策」を一旦は終了した。

　こうした金融システム不安の前後、市場金利は不安定な推移となった。また、海外ではわが国の銀行の信用力に対する警戒感が高まり、資金調達時にはジャパン・プレミアム（上乗せ金利）がつけられるようになった。ただ国内の貸出金利は、金融緩和状態が継続する中で、概ね横ばいないし低下傾向をたどった。金融システム不安時にも大きな変化はなかったが、日銀のゼロ金利政策解除後はやや上昇した。このうち短期プライムレートは、１９９５年9月以降１・６２５％の低水準が続いていたが、国内景気が悪化し金融緩和が強化されるなかで１９９８年9月には１・５％に、１９９９年3月には１・３７５％に引き下げられた。ただ２０００年8月には、ゼロ金利政策解除を受け１・５％に引き上げられた。一方、長期プライムレートは、１９９７年の年央から低下傾向が続き、一時上昇した時期もあったものの、１９９８年6月には過去最低の２・3％まで低下し、その後も低水準で推移した。１９９９年1月には反転したがその後再び低下し5月には過去最低の１・９％となった。その後は低位安定した推移となった。

3 新しい量的緩和政策の導入

２０００年末以降、いわゆるＩＴバブルが崩壊し、米国を始めとする海外経済が急激に減速、わが国も景気後退局面に入った。日銀は２００１年２月に再び金融緩和に転じ、ほぼ半年でゼロ金利政策が復活した。２００１年３月には、金融調節の主たる操作目標を、従来の無担保コール翌日物金利から日本銀行当座預金残高という資金の「量」に変更するという、新しい量的緩和政策を導入し、思い切った金融緩和措置に踏み切った。あわせて、消費者物価上昇率が安定的にゼロ％以上となるまで金融緩和措置を継続することも決定された。いわゆる「時間軸効果」である。これらの措置により日銀の当座預金残高は５兆円程度に増加し、無担保コールはほぼゼロ％となった。

4　超金融緩和状態に

日銀の新しい量的緩和政策は、国内景気が海外経済

（図表Ⅰ－１－２）日銀当座預金残高の推移

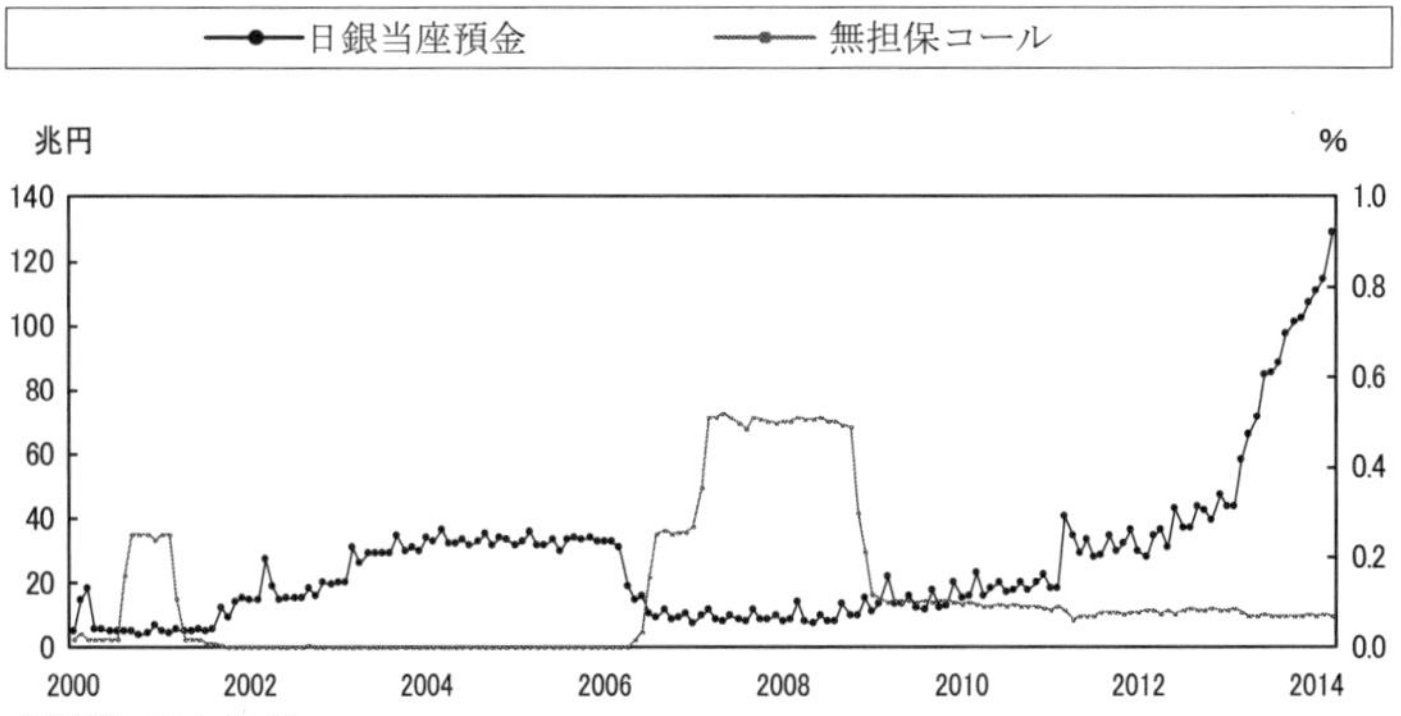

（資料）日本銀行
（注）当座預金は左目盛、無担保コールは右目盛。無担保コールは翌日物

の減速などから悪化度合いを強める中、徐々に拡大されていった。日銀当座預金残高の目標値は当初５兆円であったが２００１年度末には10～15兆円に引き上げられ、２００２年度以降はさらに引き上げられていった。まず２００２年10月には15～20兆円程度に引き上げた。２００３年に入ると、イラクに対する武力行使が行われるなど不安定な国際政治情勢を踏まえ、さらなる資金供給を実施し、当座預金残高目標は４月から17～22兆円程度に引き上げられた。次いで５月に27～30兆円程度に、10月に27～32兆円程度に、２００４年１月には30～35兆円程度に引き上げられた（**図表Ⅰ-１-２**）。

この30～35兆円程度を目標値とする金融市場調節方針は、消費者物価上昇率が安定的にゼロ％以上となるまで継続するとの方針から２００６年３月まで維持された。ただ、わが国の金融システムが徐々に落ち着いてくるにつれ資金余剰感が強まってきたことを受け、２００５年５月には当座預金残高が一時的に目標を下回ることを認めるとされた。なおこの間、貸出金利は長短ともに非常に低い水準で推移し、長期プライムレートは２００３年６月に１・25％と当時の史上最低水準を記録した。

5 量的緩和・ゼロ金利政策の解除

２００６年に入り、日銀は景気が上向いてきたことを背景に３月に量的緩和政策を解除し、続いて7月にはゼロ金利政策も解除した。これで、2000年の一時的な解除を除けば1999年2月以来7年5カ月にわたった量的緩和政策、ゼロ金利政策はようやく終了した。日銀は7月、無担保コールの誘導目標を0・25%に引き上げた。0・1%だった公定歩合は0・4%に引き上げられた。また2007年2月には無担保コールの誘導目標が0・5%前後に引き上げられた。なお、公定歩合は、2006年8月から「基準割引率および基準貸付利率」に変更された。既に1994年には金利自由化が完了し、公定歩合と預金金利との直接的な連動性はなくなっており、また2001年以降は、金融市場調節における操作目標である無担保コールの上限を画する役割を公定歩合が担うようになっていた。日銀の政策金利は無担保コールであり、公定歩合には政策金利としての意味合いがなくなっていたことから公定歩合の用語を用いないこととされた。なお貸出金利は金融緩和政策の終了とともに上昇に向かった。

6 リーマンショック・国際金融危機の勃発と世界同時不況

2007年夏、米国のサブプライムローン問題が表面化した後、国際金融資本市場は不安定さを増した。2008年3月には、米証券大手ベア・スターンズが経営危機に陥り、FRBから緊急融資を受けてJPモルガン・チェースに救済合併されるなど米国の金融システム不安は徐々に増大してきていたが、9月の米証券大手リーマンブラザーズ破綻を契機に国際金融危機が勃発した。リーマンショックを契機とした金融資本市場の混乱は先進国のみならず新興国にも波及し、多くの国で通貨の下落、国のリスク・プレミアムの上昇、国外への資金流出などが起き、各国の株価も下落した。これに対して各国の中央銀行は、政策金利を大幅に引き下げるとともに積極的な資金供給を行い、国際金融市場の危機的な状況は徐々に安定に向かった。２００９年の年明け以降も、株価が不安定な動きを示すなど、国際金融市場は総じて不安定な状態が続いたものの、２００９年春以降、欧米の景気に底入れ感が出てきたことや、金融システムに対する不安が解消されてきたことなどから、国際金融市場はようやく落ち着きを取り戻した。しかし年末から年明けにかけては、ドバイ政府系企業の債務繰延べ問題やギリシャの財政危機が相次いで表面化するなど、国際金融市場は再び不安定な動きとなった。

こうした中、わが国では２００８年まで日銀による無担保コールの誘導目標が０・５％に据え置かれ、金融緩和状況が続いていた。リーマンショックを契機に国際金融危機が勃発すると、日銀は、政策金利を２００８年10月、12月と連続して引き下げるとともに、潤沢な資金供給を実施し、国内金融市場の安定確保に努めた。それまで０・75％であった無担保コールの誘導目標は、10月に０・３％、12月には０・１％となった。

なお、この国際金融危機時には大企業の資金調達環境が急速に悪化した。金融市場ではＣＰ金利が急騰し短期金融市場での調達が困難となり、また社債の発行環境も悪化したことから、大企業は金融機関からの借入にシフトせざるを得なくなった。一方、中小企業においては、直接的な影響（当時のサブプライムローン問題やリーマンショック・国際金融危機）よりも、デフレから脱却できないまま２００７年以降悪化してきたわが国の景気や、世界同時不況による影響などの方がより大きい問題であった。

日銀は、世界同時不況からの回復過程で、わが国の自律的回復力が弱い状況が続いたことから２００９年12月、新しい資金供給手段を導入し、金融緩和を強化した。また、デフレ脱却のメルクマールとして「中長期的な物価安定の理解の明確化」を公表し、消費者物価指数で前年比２％以下、概ね１％程度が中長期的な物価安定である、という「理解」を明確化した。さらに２０１０年に入ってもわが国の景気回復が緩慢でデフレから脱却していない状況にあったことから、６月には「成長基盤強化を支援するための資金供給」を導入し、続いて８月にも金融緩和を強化した。10月には金融緩和を一段と強力に推進するための「包括的な金融緩和政策の実施について」を発表したが、これは①無担保コールの金利誘導目標を０－０・１％に、②中長期的な物価安定の理解に基づく時間軸の明確化、③資産買入等の基金の創設、の３点を明示した金融政策であった。

貸出金利については、短期プライムレートが２００９年１月に１・４７５％に引き下げられたが、現在もその水準が続いている。

7 東日本大震災の発生

しかしながら２０１１年３月、東日本大震災が起き、わが国は震災に伴い生産設備が毀損し、またサプライチェーンに障害が発生するなど、大きな打撃を受けた。日銀は、震災発生に伴う金融措置を発表し、被災地への現金供給や決済システムの安定稼働確保に万全を期すとした。そして、金融市場に対して潤沢な資金供給を行い、資産買入の増額など金融緩和を一段と強化した。さらに２０１１年４月には被災地の金融機関を対象に、復旧・復興に向けた資金需要への対応を支援するための資金供給を実施した。また、被災地における損傷現金引換え依頼への対応、被災した金融機関の国庫・国債事務の支援などの措置も実施した。日銀の当座預金残高は、前回の量的緩和時の水準を上回って推移した。

こうした措置もあり金融面の復旧は徐々に進展し、わが国経済も持ち直しに向かったが、２０１１年度後半に入ると今度は欧州債務問題が顕在化し、海外経済が減速した。また、わが国では円高が進行したこともあり、景気持ち直しの動きは一服した。日銀は２０１１年８月、10月と続けて金融緩和を強化し、翌２０１２年の２月には金融緩和の強化とともに「中長期的な物価安定の目途」を新たに導入した。これは物価安定の目途について、消費者物価前年比２％以下でかつプラスの領域にあり、当面は１％を目途とすることを明確化したものである。その後も日銀は３月、４月、９月と金融緩和を強化していったが、10月には政府とともに「デフレ脱却に向けた取組について」を発表、政府と日銀が一体となってデフレ脱却と持続的経済成長の達成に最大限の努力を行うと明言した。

8 アベノミクスにおける量的・質的金融緩和

２０１２年12月に発足した安倍内閣は、デフレ脱却、円高是正のための政策として、大胆な金融政策、機動的な財政政策、民間投資を喚起する成長戦略の３本柱を掲げ、これを「３本の矢」と称した。日銀は２０１３年１月、政府との共同声明「デフレ脱却と持続的な経済成長の実現のための政府・日本銀行の政策連携について」を発表し、政策連携に踏み切った。このとき日銀では、①物価安定の目標の導入（消費者物価前年比２％）、②期限を定めない資産買入れ方式の導入、を決定した。消費者物価は目途から目標に変更された。さらに日銀は、新総裁として就任した黒田総裁のもとで２０１３年４月、「量的・質的金融緩和」を導入し大胆な金融緩和を推進した。ここで決定された金融政策の内容は以下の通りである。

（1）「量的・質的金融緩和」の導入……日銀は、消費者物価の前年比上昇率２％の「物価安定の目標」を、2年程度の期間を念頭に置いて、できるだけ早期に実現する。このため、マネタリーベースおよび長期国債・ＥＴＦの保有額を2年間で2倍に拡大し、長期国債買入れの平均残存期間を2倍以上に延長するなど、量・質ともに次元の違う金融緩和を行う。

（図表Ⅰ－１－３）バブル崩壊後の金融環境の推移

	景気	金融情勢	金融行政	中小企業政策	中小企業向け貸出
1991年度	（山 91/2）	金融緩和へ転じる		累次にわたり政府の景気対策の中で中小企業対策を実施	1.4
1992			不良債権処理を推進、共同債権買取機構設立		2.4
1993	谷 93/10	公定歩合、過去最低水準を更新、1.75%			1.3
1994					1.0
1995		公定歩合、世界最低記録を更新、0.5%		震災対策を実施	▲0.1
1996			金融3法（早期是正措置導入、ペイオフ凍結等） 住専処理に公的資金投入		▲1.6
1997	山 97/5	金融システム不安、発生	金融安定化2法（公的資金等） 銀行に公的資金投入（第1回）	中小企業貸し渋り対策始まる	▲2.5
1998	谷 99/1	ゼロ金利政策を実施	早期是正措置、導入 金融監督庁、発足 金融再生委員会設置 金融機能再生関連法・金融機能早期健全化法（特別公的管理、公的資金等） 銀行に公的資金投入（第2回）	「中小企業貸し渋り大綱」策定、特別保証等を実施	▲4.1
1999				中小企業基本法の抜本的改正	▲4.4
2000	山 2000/10	ゼロ金利政策、一旦終了し、半年後に再開 新しい量的緩和政策を導入	ペイオフ解禁を再度延期 金融庁、発足		－
2001	谷 02/1	超金融緩和状態に			▲7.0
2002			不良債権処理、加速へ（集中調整期間－2004年度まで） ペイオフ一部解禁（定期性預金）		▲8.0
2003					▲4.8
2004					▲2.8
2005		量的緩和政策を解除	ペイオフ解禁、預金全額保護終了		0.7
2006		ゼロ金利政策、終了			0.4
2007	山 07/10			原油価格高騰への対策実施	▲1.9
2008	谷 09/3	国際金融危機勃発、金融緩和へ		緊急保証制度、セーフティネット貸付等を実施・拡充	▲1.0
2009				中小企業等金融円滑化法	▲1.4
2010					▲1.2
2011		東日本大震災への対応実施		東日本大震災への対応実施	▲1.1
2012	山 12/4 谷 12/11				▲0.3
2013		量的・質的金融緩和を導入			1.4

（注１）中小企業向け貸出は前年度比伸び率（%）
（注２）2000年度に中小企業の定義変更があり、中小企業向け貸出は連続しない

（２）「量的・質的金融緩和」に伴う対応……資産買入等の基金の廃止、銀行券ルール（日銀が保有する長期国債の残高について銀行券発行残高を上限とする）の一時適用停止、市場参加者との対話の強化

（３）被災地金融機関支援資金供給の延長

これらの金融政策により日銀が市場から買い入れる長期国債は膨大な額にのぼり、短期から長期にわたる幅広い期間の市場金利の低下をもたらした。日銀の当座預金は、銀行券ルールの廃止もあり１００兆円を突破している。

貸出金利については、短期プライムレートは２００９年１月の引き下げ以降その水準を維持してきたが、長期プライムレートは２０１２年11月に１・２％とそれまでの最低水準を下回り、２０１３年２月には１・15％まで低下した。

以上がバブル崩壊後の金融情勢の推移である。この間の出来事をまとめたものが（**図表Ⅰ－１－３**）である。

【注】

（１）住宅金融専門会社の不良債権問題。詳しくは第２章参照

（２）日銀が金融システムの安定のために実施する特別の条件による貸付

第2章

定着してきたリレーションシップバンキング

ここまで、バブル崩壊後の中小企業を巡る金融情勢の推移についてみてきたが、次に金融機関の側からみていくこととする。バブル崩壊後、基調的に金融緩和が持続してきた中、いわゆる「失われた10年（20年）」の間の変化は資金の貸し手側である金融機関においても大きかった。金融機関を巡って起きた出来事としては、不良債権問題、貸し渋り問題、金融システム不安の発生などがあるが、これらは密接に関係している。まず、バブル崩壊の後遺症から住専問題が起き、次いで大手の金融機関が倒産し金融システム不安が発生した。並行して金融機関による貸し渋り、貸し剥がしが社会問題ともなった。金融機関に対しては自己資本比率規制や早期是正措置が導入されるとともに不良債権の早期処理が要請され、さらに地域金融機関に対してはリレーションシップバンキングの強化が必須とされた。特に最後のリレーションシップバンキングの強化は、中小企業とも密接に関連するものであった。なお、金融行政も変化した。金融機関の監督官庁は大蔵省から金融監督庁、金融再生委員会、金融庁へと移り、事前指導から事後監視型へと移行し、現在に至っている。以下では金融行政も含めてこれら金融機関の動きについて詳しくみてみよう。

なお、推移については前出図表Ｉ－１－３を参照されたい。

1　金融機関を巡る環境変化

（1）バブル崩壊後に深刻化した不良債権問題

①住専をはじめとする不良債権問題への対応

バブル崩壊後、土地・株式等の資産価格の下落が続く中、金融機関を取り巻く環境は厳しさを増していった。特に当時から、金融機関の不良債権処理問題は金融システム全体の安定性を揺るがしかねないものとされ、その早期解決や金融機関の健全性確保、破綻金融機関の救済処理等を進めるべく、諸制度が整備された。金融機関の不良債権処理は、バブル崩壊後、まず住宅金融専門会社（住専）問題として表面化し、次に金融機関の破綻が中小から大手へと波及し、わが国全体の金融システム不安の発生へとつながっていった。

住専は、バブル崩壊に伴い新規融資の伸び悩み、既往融資の元利金の回収難、担保割れといった事態に直面し、急速に経営が悪化した。１９９２年、９３年には2回にわたり再建計画が策定されたが、その後の地価の一層の下落の中で住専の経営はさらに悪化し、破綻もやむを得ない状況に陥った。政府は、金融システムの安定等のため公的資金を投入することとし、１９９６年５月、公的負担６，８５０億円の財政支出を盛り込んだ１９９６年度予算が成立し、６月には住専処理法が成立した。(注1) 7月には住専処理のため㈱住宅金融債権管理機構が預金保険機構の出資により設立され、住専7社は8月に解散した。

一方、金融制度調査会の金融システム安定化委員会は、１９９５年12月に報告書「金融システム安定化のための諸施策」をとりまとめた。その内容は、(a)不良債権問題の早期処理と今後の金融システム、(b)金融機関経営の健全性確保、(c)金融機関の破綻処理、(d)信用組合をめぐる諸問題と破綻処理に関する枠組みの整備、(e)住専問題処理、などであった。この中で、当面の間は預金者保護、信用秩序維持に最大限の努力を払うべく、通常の預金保険の発動を超えた特別の対応が必要とされ、ペイオフを実質的に5年間凍結する方針が示された。併せて当面の破綻処理の財源を確保するため、預金保険機構に特別基金を設け、その財源として新たに金融機関から特別保険料を徴収することなどが打ち出された。この答申を受け、１９９６年6月にいわゆる金融3法が成立し、２００１年4月までペイオフの実施が延期された。

この住専処理法と同時に成立した金融3法は、健全化法、更生特例法と改正預金保険法から成る。(注2) この3法は、金融機関の破綻の未然防止策から破綻が起きた場合の早期対応策までの仕組みを一貫して定めたもので、健全化法では、信金・信組等の協同組織金融機関の監査体制充実、金融機関の経営の状況に応じてとるべき監督上の措置、金融機関の営業譲渡可能範囲の拡大、トレーディング勘定への時価会計導入、等が定められた。また更生特例法では、監督庁への更生手続開始の申立権付与、協同組織金融機関の更生手続等が定められ、改正預金保険法では、預金保険中心の破綻処理制度の改善、特別保険料（０・０３６％）の納付について定められた。なお一般保険料率は、既に4月に０・０１２％から０・０４８％に引き上げられていたため、金融機関は、合計０・０８４％のコストを負担することとなった。

健全化法では早期是正措置の導入が定められた。早期是正措置は、監督当局が自己資本比率という客観的比率を用いて適時・適切な是正措置を発動することにより、極力早期に金融機関経営の健全性確保を図るという新しい行政手法であり、この法律により、自己資本比率が一定基準を下回った金融機関に対し、監督当局が業務改善計画の提出命令や業務停止命令を発動できる仕組みが１９９８年4月から導入されることになった。具体的には自己資本比率の数値に応じてそれぞれ是正措置が定められた。

また、自己資本比率の算定には正確な資産査定と適切な償却・引当が前提となることから、１９９７年3月、大蔵省銀行局から資産査定に関する通達が出され、4月には日本公認会計士協会が資産査定の実務指針[注3]を発表した。各金融機関は、これらを参考に貸出金など自らの資産の正確な査定（自己査定）やそれに対する適切な償却・引当を行うこととなった。

②金融機関の自己資本比率規制

早期是正措置の基準となる自己資本比率について、その規制の導入経緯は次の通りである。まず１９８８年7月、国際決済銀行（ＢＩＳ）の銀行監督委員会は、国際的に活動する銀行間の競争条件の平等化及び国際的な銀行システムの安定性向上を目的とする銀行の自己資本比率規制の国際統一基準を制定した。日本においても同年12月、大蔵省銀行局の通達に同基準による自己資本比率規制が盛り込まれ、１９９２年６月の銀行法改正に際してはその根拠条文（第14条の２）が新設された。

この自己資本比率規制（ＢＩＳ規制）は、銀行の保有する資産の信用リスクに対応するものであり、海外で活動する銀行はリスク・アセットの８%以上の自己資本を維持しなければならなくなった。この規制はわが国では１９９３年３月末にスタートした。規制対象の各行はいずれも国際統一基準をクリアしてきたが、当時の邦銀は欧米の銀行に比較すると狭義の自己資本（Ｔｉｅｒ１）がほぼ半分に過ぎず、不足分を株式含み益などの広義の自己資本（Ｔｉｅｒ２）でカバーしており、株価下落等に弱い体質であったことから、グローバル競争等に備えて自己資本の増強や資産圧縮等の対応が必要とされた。こうした背景から、わが国の銀行経営は、それまでの量的拡大から採算性にウェートが移り、総資本利益率（ＲＯＡ）や株主資本利益率（ＲＯＥ）が経営戦略のうえで重要な指標として位置づけられることになった。また、自己資本比率規制で資本増強や資産圧縮が銀行に要請されることとなり、後記のディスクロージャーの拡充ともあいまって、金融機関は市場から厳しい監視を余儀なくされることとなった。なお、自己資本比率規制は、金融機関の健全性維持に不可欠であるとはいえ、自己資本比率の維持向上のために必要とされる資産（貸出）の圧縮が、わが国の金融システム不安が発生するなかで、貸し渋り、貸し剥がしの一因となったことは否めないと思われる。なお、自己資本比率規制については、その後、二次、三次規制が段階的に導入されてきている。

③金融機関のディスクロージャー制度の整備

この時期には、銀行のディスクロージャー（情報開示）が不良債権処理との関連で大きくクローズアップされてきた。1993年度のディスクロージャーからは、不良債権の残高が「資金運用」区分で開示されることとなった。1993年3月期には、都銀、長信銀、信託銀が破綻先債権・延滞債権について、地銀が破綻先債権についてディスクロージャーを開始した。1995年9月期には、大蔵省が金融機関全体の不良債権総額を公表するとともに、都銀等の大手銀行が金利減免債権を含む不良債権のディスクロージャーを開始した。1996年3月期には、都銀以外の銀行でも金利減免債権を含む不良債権を開示し、1997年3月期の開示分からは、都銀から第二地銀までの全行が破綻先債権額、延滞債権額、金利減免等債権額および経営支援先に対する債権額のすべてを公表した。

(2) 金融システム不安の発生と対応

①金融機関破綻の増加

バブル崩壊後は、不良債権の発生により住専処理が大きな問題となったが、住専以外の一般の金融機関も例外ではなく、信用組合や第二地銀などで破綻が増加してきた。こうした１９９０年代に増加した金融機関の破綻においては、その破綻の原因や規模等が多岐に亘ったため、従来の救済手法（単独の金融機関による救済合併、事業譲渡、子会社化等）に加え、新たに受け皿銀行設立や整理清算方式等の新手法も採用されるようになった。

まず受け皿銀行設立による破綻処理方式では、１９９４年12月の東京協和信組と安全信組の破綻が第1号となった。㈱東京共同銀行が１９９５年1月に設立され、3月に両信組の事業を譲り受けた。１９９６年9月には㈱整理回収銀行に改組され、全国の破綻信組を救済する機関となった。この整理回収銀行は、コスモ信組、木津信組などの事業を承継し、預金保険機構からの資金援助が行われた。一方、第二地銀では、１９９５年8月に兵庫銀行、１９９６年3月に太平洋銀行が、同年11月には銀行として戦後初めての業務停止命令を受けた阪和銀行が、それぞれ破綻した。兵庫銀行は「みどり銀行」を、太平洋銀行は「わかしお銀行」を設立して事業を譲り渡した。阪和銀行は、住専処理時に設立された㈳新金融安定化基金からの資金拠出により新銀行が設立され処理された。

②大手金融機関の破綻から金融システム不安へ

金融機関の破綻は、１９９０年代後半には大手金融機関にも波及する。１９９７年以降、金融業界では相次いで大型の破綻が発生し、わが国は金融システム不安の様相を呈するに至る。

　１９９７年4月25日、大蔵省が日産生命に業務停止命令を発出し、生命保険会社では初の破綻となったが、この破綻処理においては全額保護の原則が一部崩れた。次いで11月3日には三洋証券が会社更生法の適用を申請し破綻した。この時には経営不安説が出ていた金融機関に対して資金を出し渋る動きが一気に表面化し、その後に続く金融システム不安のきっかけとなった。まず、北海道拓殖銀行が11月17日に自主再建を断念し、一部を北洋銀行に営業譲渡すると発表した。都市銀行では初の経営破綻となった。さらに大手証券会社の山一証券では、長年にわたる「飛ばし」による簿外損失が２,６４８億円にも達していたが、三洋証券、拓銀の破綻によって山一証券も急速に資金繰りが悪化し、主力銀行も支援を断念、11月24日に自主廃業を決定した。当時経営再建中だった徳陽シティ銀行も、11月26日に自力再建を断念し破綻した。三塚大蔵大臣は松下日銀総裁との連名による談話を発表し、金融機関の経営破綻が相次ぐ中で、預金者の資金は全額保護されることを強調し、国民に冷静な対応を求める異例の呼びかけを行った。

　金融機関の破綻は１９９８年に入っても続いた。日本長期信用銀行（長銀）では株価の下落や預金等の流出が続いていたが、9月には与野党間で一時国有化する特別公的管理を長銀に適用することが合意された。10月になると長銀と合併交渉していた住友信託が合併交渉打ち切りを発表した。同月、金融再生法の施行を受けて政府は特別公的管理の開始を決定し、戦後初めて民間銀行が国有化された（預金保険機構が株式を保有）。長銀は債務超過であると判定され、破綻銀行として処理されることとなり、２０００年6月5日、「新生銀行」として再出発した。次に、日本債券信用銀行（日債銀）では、既に１９９７年から経営不安説が広がっていた。政府は、１９９８年秋に実施した金融監督庁の検査結果に基づき同行が実質的な債務超過にあると判断し、12月に特別公的管理の開始を決定した。日債銀は２００１年１月４日、「あおぞら銀行」として再出発した。

２０００年には、資金運用難による逆ザヤの負担に耐え切れず、第一火災が損保で初めて破綻、同年、大手生保の千代田生命も破綻した。

なお、破綻処理ではないが、りそな銀行に資本注入が実施された。同行では２００３年３月期の決算が大幅な赤字となり自己資本比率が健全行の国内基準である４％を下回る２％程度となることが避けられなくなった。２００３年５月17日、りそな銀行に対して、預金保険法第１０２条第１項第１号に基づく資本注入が決定したが、債務超過ではないことから破綻処理とはされなかった。

③中小企業の貸し渋り問題

金融システム不安がひろがる中、中小企業に対する貸し渋りが大きな問題となった。前述した金融３法など、１９９６年以降、金融安定化・破綻処理のための制度は徐々に整備されてきた。しかしながら、制度の整備が進められる一方、バブル経済の崩壊後も長期間にわたって景気の低迷が続き、金融システム不安も起きる中、金融機関に対して融資態度を必要以上に萎縮させているのではないかという、いわゆる「貸し渋り」問題が指摘されるようになってきたのである。中小企業にとって、貸出を止められることは事業継続に悪影響を及ぼし大問題であった。特に金融システム不安の発生とともに、金融機関が、株価の低迷等による自己資本比率の低下が見込まれるなかで、自己防衛のために「貸し渋り」を行っているのではないかとの批判が増加した。その背景には、１９９８年４月からの導入が決まっていた早期是正措置などがあったとされる。

金融３法では、金融機関の破綻の未然防止から破綻時の早期処理までの一貫した仕組みが定められたが、その根幹となるのが早期是正措置である。早期是正措置は、金融機関の経営の健全性を確保するため、監督当局が自己資本比率という客観的な基準を用い、必要な是正措置命令を迅速かつ適切に発動していくことで、金融機関の経営の早期是正を促すもので、当初の予定通り１９９８年４月に実施された。また早期是正措置の導入とともに、銀行は自己査定により適切な償却引当を行い決算に反映させることとなった。これにより景気の悪化等につれ中小企業の信用力が低下すると、その貸出金について償却や引当が増加する形で利益を圧迫するとともに、融資態度の萎縮につながる懸念がある。これが、金融システム不安が発生するなかで、貸し渋り、貸し剥がしの一因であるとの指摘につながったと思われる。

政府はバブル崩壊後の長期不況の中、主に不況対策や地域活性化、構造改革等を中心に中小企業政策を実施してきていたが、金融システム不安下で中小企業に対する貸し渋り等が大きな問題となってきたことから、景気対策等における中小企業政策として、金融セーフティネットを中心とする様々な支援策を講じた。大蔵省は１９９７年12月、「いわゆる『貸し渋り』への対応について」を発表し、大蔵大臣が全銀協会長に対して金融の円滑化に一層努力するよう要請を行うとともに、貸し渋り問題への諸々の対策を講じた。次いで１９９８年には「中小企業等貸し渋り対策大綱」を決定し、民間金融機関の不良債権処理が進む過程で発生する可能性のある中小企業等への信用収縮に備え、中小企業金融安定化特別保証制度など総額で40兆円を超える規模の支援措置を講じた。この制度は、中小企業が銀行借入を行う際に信用保証協会が別枠で債務保証するもので、中小企業向けの信用保証承諾額が１９９８年度に29兆円（前年度比９割増）という大規模なものとなった。

④金融システム不安解消のための法整備

金融システム不安の解消を図るべく、１９９８年10月には金融機能再生関連法[注4]と金融機能早期健全化法[注5]が制定された。金融機能再生関連法では、（a）金融整理管財人制度、（b）ブリッジバンク制度、（c）特別公的管理制度、（d）金融機関等の資産買取制度、の創設により金融機関の破綻処理制度を整備するとともに、（e）金融再生委員会の設置、（f）整理回収機構の設立等、等の体制整備が図られた。また、金融再生業務（ブリッジバンクの設立、特別公的管理、金融機関等の資産買取等）については、その受け皿となる金融再生勘定で資金の借入れ等を行うに際し、18兆円の政府保証を付与することとされた。同法に基づき１９９８年12月、金融再生委員会が設置された。この時に破綻した日本長期信用銀行及び日本債券信用銀行は、同委員会の下で特別公的管理となった。一方、金融機能早期健全化法では、金融機関等の資本の増強に関し、（a）普通株式の引受けによる資本増強の仕組み、（b）優先株式等の引受け等による資本増強の仕組み、（c）減資手続きの特例等、の緊急措置が創設された。また、金融機関の株式引受け等を行う金融機能早期健全化業務については、その受け皿となる金融機能早期健全化勘定で資金の借入れ等を行うに際し25兆円の政府保証を付与することとされた。

⑤公的資金投入とペイオフ解禁延期

上記のように、一連の金融機関の大型の破綻などによる金融システム不安の広がりを受け、政府は金融システム不安を解消するため、1998年、99年と2回にわたり銀行への公的資金投入を実施した。第一次の公的資金投入は、1998年2月、貸し渋り対策の立法化措置として成立した、最大30兆円の公的資金投入を盛り込んだ金融安定化2法により実施された。これは、銀行の自己資本を政府の公的資金により増強することで貸し渋りを解消させようとするもので、銀行が発行する優先株・劣後債の買い取りを実施するため、預金保険機構に13兆円の資金枠が用意された。また、金融機関の破綻時、預金の全額保護を図るため預金保険機構の財源を強化することとし、優先株等の買い取り資金とあわせて最大30兆円の公的資金が用意された。これを受け1998年2月、預金保険機構に金融危機管理審査委員会が設置された。同委員会は、都銀など21

行による資本注入の申請を受けて審査し、13兆円の資金枠に対し3月までに総額１兆８、１５６億円の投入を実施した。しかし、公的資金の投入基準が明確でなかったことや横並びの申請、リストラ計画の不十分さなどといった多くの課題が残り、公的資金投入後も金融システム不安の解消までには至らなかった。

　第二次の公的資金投入は、１９９８年の金融機能再生関連法と金融機能早期健全化法に盛り込まれた。このとき、第一次の公的資金投入の根拠であった金融安定化法は廃止され、代わって総額60兆円の公的資金枠が設定された。その内訳は、破綻前の金融機関に対し公的資金による資本注入を行うための金融機能早期健全化勘定25兆円、破綻した金融機関の預金者保護のための特例業務勘定17兆円、破綻認定され国の特別公的管理（一時国有化）下に入る金融機関の再生のための金融再生勘定18兆円であり、財源として交付国債7兆円、政府保証53兆円が用意された。これを受け、12月に設置された金融再生委員会で資本注入の検討が開始された。同委員会は、資本増強の方針・基準等を策定するとともに、申請が予定されていた15行への予備審査の実施、代表者への直接ヒアリングなどを経て、１９９９年3月に正式に15行からの申請を受付け、これを承認し、公的資金の注入が実施された。第二次の公的資本注入は総額7兆４、５９２億円に達した。ちなみに、15行の１９９８年度決算における不良債権処理額は９兆３、５００億円であった。

　この公的資金投入は、金融システム不安という当面の緊急事態に対処するための措置であったが、一方で１９９６年には、預金等を全額保護するという特例措置によりペイオフが凍結されていた。この措置は２００１年3月までで、それ以降は解禁することとなっていたが、当時の状況に鑑みて、より強固な金融システムの構築を図る必要があるとの観点から、１９９９年末に与党間で預金等全額保護の1年延長（ペイオフ延期）が合意された。期限が迫っていた１９９９年当時においても金融機関の破綻が引き続き発生しており、特に中小金融機関の経営の脆弱性が懸念される状況にあったためである。この結果、預金等の全額保護は２００２年3月まで、うち流動性預金については２００３年3月末まで延長されることとなった。このうち定期性預金については予定通り２００２年に解禁されたが、流動性預金については再度延期され、最終的に２００５年に解禁された。これにより決済性預金を除く全ての預金についての全額保護の特例措置は終了した。

なおこの時期には、破綻金融機関の整理や不良債権の整理回収の促進などのため、専門の機関が設立され不良債権処理に当たった。１９９６年6月、住専処理法が成立すると、7月には同法により預金保険機構の全額出資の株式会社として住宅金融債権管理機構が設立された。同機構は預金保険機構と一体となって債権回収や関係者への責任追及を行った。一方、１９９６年9月、東京共同銀行を商号変更した整理回収銀行が発足した。同銀行は、信用組合の破綻に際してその債権の整理回収を業務としてきたが、１９９８年3月からは銀行も資産買取の対象にすることとなった。さらに不良債権の回収体制を強化するため、１９９９年4月には住宅金融債権管理機構が整理回収銀行を吸収する形で整理回収機構が設立された。

⑥中小企業政策の転換

この時期には、中小企業政策の基本理念等についての抜本的な見直しも進められた。そして１９９９年12月、わが国の中小企業政策の基本方針を示す中小企業基本法が、１９６３年（昭和38年）の制定後初めて本格的に改正された。新しい中小企業基本法では、「多様で活力ある中小企業の育成・発展」を図ることを政策理念とし、（a）中小企業の経営基盤の強化、（b）中小企業の経営革新や創業促進、（c）セーフティネットの整備、の3点が中小企業政策の目標とされた。特に（c）セーフティネットの整備は、中小企業金融と大きく関連するものであった。２００１年、中小企業を巡る環境は金融情勢、経済情勢ともに悪化し、特に秋以降は大型の企業倒産やＢＳＥ問題等もあり厳しさを増していったが、こうした状況で政府が策定した「改革先行プログラム」では、中小企業等が連鎖的に破綻することを回避し再生を支援するため、セーフティネットの一層の充実を図ることとされた。具体的には、（a）売掛債権担保融資保証制度の創設、（b）セーフティネット保証・貸付の充実、（c）ＤＩＰファイナンス(注6)の推進などの措置が講じられた。

⑦金融行政の改革

なお、この時期には、金融行政を担当する官公庁の改革も実施された。

住専処理から本格化した金融機関の不良債権処理の過程で、金融行政に対して様々な批判が起きた。不良債権問題が深刻化し、金融機関の破綻が増加しまた大型化するなかで、不良債権処理や金融機関の破綻処理をめぐる議論が高まり、財政・金融に関連した各種の権限が大蔵省に集中していることが問題とされ、民間金融機関に対する検査・監督業務が金融監督庁に分離されることとなった。１９９８年6月には金融監督庁が総理府の外局として発足し、証券取引等監視委員会は、国家行政組織法第8条に基づく機関として大蔵省から金融監督庁に移管された。１９９８年12月に金融再生委員会が総理府の外局として設立されると、金融監督庁は同委員会の下に置かれることとなった。

次いで、中央省庁再編の一環として、金融行政については、全体の再編に先行して２０００年7月に金融監督庁を改組して金融庁とし、さらに２００１年1月には金融再生委員会を廃止して、内閣府の外局として金融庁が設置され、大蔵省の国内金融に関する企画・立案業務も担った。また金融庁には金融機関の破綻処理・危機管理の機能も移管され、財政と金融の分離が実現した。

一方で、１９９6年以降、市場規律を基軸とした透明かつ公正な行政を確立するための議論も進められた。金融行政のあるべき姿として、金融の自由化、グローバル化が進展する中で、従来の裁量型行政から透明性の高い客観的ルールに基づく行政への転換が進められ、その過程で、自己資本比率の水準に応じて行政措置を発動するという早期是正措置が導入された。早期是正措置の前提となる金融機関の自己査定や外部監査の実施も定められた。

（3）不良債権処理とリレーションシップバンキングの推進

①金融機関、本格的な不良債権処理へ

１９９７年以降、前に述べたように金融機関では大型の破綻が相次ぎ、金融システム不安が起きたが、こうした環境下にあって金融機関は、バブルの後遺症である不良債権処理を促進し、経営再建に取り組んだ。まず１９９７年度においては、１９９８年4月の早期是正措置導入に向けて大手銀行を中心に大幅な償却を実施したが、不良債権はなかなか減少せずこれ以降も不良債権の処理が進められた。２００１年4月には、政府が緊急経済対策で金融と産業の一体的な再生を目指した不良債権問題への包括的な対応策を取りまとめた。そこでは、主要行の破綻懸念先以下の債権を、既存分は2年以内、新規発生分は3年以内に処理するとされた。これを受け２００１年度決算で大手銀行の不良債権処理がさらに加速した。こうした経緯から、１９９７年度以降、金融機関の不良債権処理は毎年10兆円規模という大規模なものとなった。１９９７、９８年度の不良債権処分損は2年連続で13兆円台となり、１９９９、２０００年度は若干減少したものの、２００１年度には再び10兆円近い処理が実施された。

２００２年になると、政府は、２００２年度から２００４年度までを「集中調整期間」と位置づけ、不良債権処理問題の正常化を図った。さらに２００５年度以降は「重点強化期間」と位置づけ、本格的な金融の構造改革と活性化に取り組んだ。まず２００２年度には、不良債権処理について、市場規律や厳格な資産査定の下、オフバランス化の具体的な処理目標（原則1年以内に

5割、2年以内に8割目途）が定められ、構造改革の集中調整期間終了後の２００４年度には不良債権問題の正常化を図ることとされた。また２００３年1月には、不良債権処理など諸改革を加速すると同時に、集中調整期間を1年程度延長し、２００４年度までの間、改革を集中的に推進することが定められた。３年間の集中調整期間の仕上げの年にあたる２００４年度には、不良債権問題に代表されるバブル崩壊後の負の遺産からの脱却に目途をつけるとともに、２００５年度及び２００６年度の2年間を重点強化期間と位置付け、新たな成長に向けた基盤の重点強化を図るという方針が示された。こうした基本方針に則り、２００４年度までの集中調整期間において、金融システムを安定させるべく不良債権処理が加速された。以下では、この間の具体的な工程を示すために策定された「金融再生プログラム」からみてみよう。

②金融再生プログラム

「金融再生プログラム」が策定されたのは２００２年10月である。これに先立ち２００２年４月のペイオフ一部解禁後には、「より強固な金融システムの構築に向けた施策」が定められた。ここでは、主要行の破綻懸念先以下の債権につき、原則1年以内に5割、2年以内にその大宗（8割目途）を処理するという具体的な処理目標を設定し、不良債権の処理を一層加速することとされた。そして２００２年9月の内閣改造後、10月に「金融再生プログラム」が取りまとめられたのである。この「金融再生プログラム」では、日本の金融システムと金融行政に対する信頼を回復するためには、まず主要行の不良債権問題を解決することが必要という問題意識に立ち、主要行の不良債権比率を２００４年度に現状の半分程度に低下させるとともに、構造改革を支えるより強固な金融システムの構築を目指して、主要行の資産査定の厳格化、自己資本の充実、ガバナンスの強化などの点について行政の取組みを強化していくという方針が示された。11月には実施スケジュールを整理した「作業工程表」が取りまとめられ、この工程表に基づき不良債権処理が着実に進められることとなった。しかし、中小・地域金融機関が有する不良債権には、主要行とは異なり、地域の中小企業の競争力低下・非効率性といった地域経済の構造問題そのものに起因するものが多数を占め、金融機関の融資が直接企業の死命を決するようなケースも多かった。このため、中小・地域金融機関の不良債権処理は、その地域経済に与える影響を念頭に置きつつ、貸し手、借り手双方ともに十分に納得がいく形で進めていく必要があった。また、地域ごとにその状況は大きく異なることから、実態に即した対応が求められた。このため、中小・地域金融機関の不良債権処理については、別途検討することとされ、後に述べるように「リレーションシップバンキング」の機能を強化するという方針が定められた。なお、「金融再生プログラム」では、早期是正措置の対象とはならない段階の金融機関についても経営改善を促進するべく、「早期警戒制度の活用」が整備された。

　この間の金融機関の不良債権処理の実績をみると、２００２年10月の「金融再生プログラム」で主要行の不良債権比率を半減させるとした政府の方針を受け、金融機関が実施した不良債権処理による処分損は、全国銀行ベースで2002年度6・7兆円、2003年度5・4兆円にのぼった。ただ、2004年度以降は、不良債権処理の進捗等もあり一般貸倒引当金が逆に取崩しになったことなどから大きく減少した（2004年度2・8兆円、2005年度0・4兆円、2006年度1・0兆円）。目標年度の2004年度には、主要行の不良債権比率は2・9％へと低下し、「金融再生プログラム」の大きな課題であった主要行の不良債権問題の正常化が図られた。なお、2006年度にはさらに1・5％に低下している。バブル崩壊後の1992年度から、主要行が不良債権比率を半減させる目標年度である2004年度までの全国銀行の不良債権処分損は、累計で約96兆円強に上った。

③リレーションシップバンキングの機能強化に関するアクションプログラム

前述の通り、中小・地域金融機関の不良債権処理については、「金融再生プログラム」で、主要行とは異なる特性を有する「リレーションシップバンキング」のあり方を検討し、アクションプログラムを策定することとされた。これを受け2003年3月、金融審議会金融分科会第二部会において報告書「リレーションシップバンキングの機能強化に向けて」がとりまとめられた。

この中では、「2004年度までの2年間を地域金融に関する『集中改善期間』とした上で、それぞれの中小・地域金融機関が本報告書の提言に沿ってリレーションシップバンキングの機能を強化し、中小企業の再生と地域経済の活性化を図るための各種の取組みを進めることによって、不良債権問題も同時に解決していくことが適当と考えられる」とされており、この提言を踏まえ、金融庁において「リレーションシップバンキングの機能強化に関するアクションプログラム−中小・地域金融機関の不良債権問題の解決に向けた中小企業金融の再生と持続可能性（サステナビリティー）の確保−」が取りまとめられた。このプログラムでは、２００４年度までの「集中改善期間」中に各金融機関及び行政が取り組むべきものとして、（a）中小企業金融の再生に向けた取組み、（b）各金融機関の健全性の確保、収益性の向上等に向けた取組み、（c）アクションプログラムの推進体制、の3点が掲げられた。

まず「（a）中小企業金融の再生に向けた取組み」では、創業・新事業支援機能等の強化、取引先企業に対する経営相談・支援機能の強化、早期事業再生に向けた積極的取組み、新しい中小企業金融への取組みの強化、顧客への説明態勢の整備、相談・苦情処理機能の強化などがあげられた。

次に「（b）各金融機関の健全性の確保、収益性の向上等に向けた取組み」では、資産査定・信用リスク管理の厳格化、収益管理態勢の整備と収益力の向上、ガバナンスの強化、地域貢献に関する情報開示、法令等遵守（コンプライアンス）、地域の金融システムの安定性確保などがあげられた。

最後の「（c）アクションプログラムの推進体制」では、「リレーションシップバンキングの機能強化計画（計画期間２００３〜２００４年度）」の策定とフォローアップが定められた。

これらにより、中小・地域金融機関の不良債権処理については、大手金融機関とは異なり、リレーションシップバンキングの機能強化を進めることにより解決を図っていくこととなった。

このように、中小・地域金融機関の不良債権処理については、リレーションシップバンキングの機能を強化し、中小企業の再生と地域経済の活性化を図るための各種の取組みを進めることによって、不良債権問題も同時に解決していくことが適当とされた。こうした方針に基づき、不良債権問題の処理を進めた結果、地域銀行（地銀、第二地銀等）の不良債権比率は着実に低下し、主要行の不良債権問題が正常化した２００４年度には５・５％に、２００６年度には４・０％とピーク時（２００２年9月期８・３％）の半分以下の水準となった。

この間、金融機関では総貸出、中小企業向け貸出ともに２００４年度まで減少が続いたが、上記のように本格的な不良債権処理が進展し、概ね正常化したとみられる２００５年度には、銀行、信金・信組ともにようやくプラスに転じた。

なお政府は、「リレーションシップバンキングの機能強化に関するアクションプログラム」が２００５年3月末をもって終了することから、２００５年3月、新たにこのプログラムを承継する２００５、２００６年度の2年間を対象とした「地域密着型金融の機能強化の推進に関するアクションプログラム」を策定した。そして、中小・地域金融機関に対して新しいアクションプログラムに基づく取組みを促すことにより、地域密着型金融の機能強化を図り、地域の再生・活性化と中小企業金融の円滑化を推進することとされた。ここでは、創業・新事業支援機能等の強化、事業再生に向けた積極的な取組み、担保・保証に過度に依存しない融資の推進等の取組みの推進が示された。一方、各金融機関でも、担保・保証に過度に依存しない融資の取組みが図られてきた。大手行では、中小企業向けのスピード審査による無担保・第三者保証不要の融資商品が開発された。また、地域金融機関では、「集中改善期間」に多くの地域金融機関が担保・保証に過度に依存しない融資を推進し、また動産・債権譲渡担保融資、財務制限条項を活用した融資やシンジケート・ローンなどの普及も進められた。

(4) 世界同時不況と東日本大震災への対応

①世界同時不況の発生と中小企業金融円滑化法

２００８年夏以降、リーマンショック後の国際金融危機とそれに伴う世界同時不況が発生した。欧米においては大手の金融機関が破綻の危機に瀕したため、金融機関を救済する施策が講じられたが、わが国においては国内金融機関の損失がそれほど大きくなかったこともあり、金融行政は主に国内の不況対策に重点が置かれた。わが国の景気の悪化に対処するための政府の経済対策の実施に沿い、金融行政においては２００８年10月、緊急保証制度、セーフティネット貸付制度がスタートするとともに、商工中金と日本政策投資銀行による危機対応業務が発動された。さらに、２００９年４月の「経済危機対策」では、中小企業の資金繰り支援の一層の拡充を進めることとされた。この資金繰り対策では、緊急保証の枠を20兆円から30兆円に拡大するとともに、据置期間を2年に延長した。

　こうした中、２００９年12月には中小企業金融円滑化法が施行される。これは、民間金融機関に対して中小企業などから貸付条件の変更等の申込みがあった場合、当該中小企業の状況を勘案しつつ、できる限り変更措置をとるよう努めなければならないという内容の金融機関の努力義務を定めたものであった。同法は、中小企業の業況や資金繰りが厳しく先行きも不透明であることに鑑み、貸付条件の変更が必要とされる中小企業を支援するためのもので、当初２０１１年３月までの時限措置であったが、その後も中小企業の業況が依然として厳しかったことを受けて２度にわたり期限が延長され、最終的に２０１３年３月まで続けられた。

②東日本大震災への対応

　２０１１年３月に東日本大震災が発生した。この東日本大震災への対応として、政府は地域の経済や雇用を支える中小企業への支援を実施した。主な支援策としては、資金繰り対策、二重債務問題対策、工場や商店街等の復旧・復興への支援策、風評被害への対策などが実施された。このうち資金繰り対策として東日本大震災復興特別貸付制度の創設などが講じられた。また、二重債務問題は、復興に向けて再スタートを切るにあたり、既往債務が負担になって新規資金調達が困難となる事業者が続出したことから大きくクローズアップされてきた問題であり、具体的施策として被災各県の中小企業再生支援協議会の体制を強化して産業復興相談センターが設立され被災事業者の相談を受け付けるとともに、産業復興機構が設立され金融機関等が有する債権の買取等による支援を実施した。さらに㈱東日本大震災事業者再生支援機構が設立され、２０１３年３月から業務を開始した。

2 リレーションシップバンキングと中小企業金融

中小企業金融には、なぜリレーションシップバンキングが求められているのであろうか。ここで一度基本に立ち返ってみよう。

中小企業白書（平成17年版）によれば、大企業に比べ中小企業が資金調達をする際に困難を生ずる大きな原因として、貸手が借り手の質や、借りた後の行動を正確にモニタリングすることが難しいため、貸手と借り手の間に生じる「情報の非対称性」が指摘されており、中小企業が円滑に資金調達を行うためにはこの「情報の非対称性」を緩和することが必要不可欠であるとしている。また、不動産担保だけでは「情報の非対称性」によるリスクがカバーしきれなくなっている状況下では、不動産担保以外の手段により「情報の非対称性」の緩和をすることが金融機関等に求められている、と指摘している。つまり、中小企業金融において情報の非対称性を緩和し中小企業への円滑な資金調達が行われるための手法として有力なのが、長期の継続的な取引による定性情報収集等により情報の非対称性を緩和するリレーションシップバンキングであるといえよう。

以下ではその内容について、詳しくみていくこととしたい。

（1）リレーションシップバンキングとは何か

①リレーションシップバンキングの内容

これまでリレーションシップバンキングはどのように定義されてきたのであろうか。村本[注7]（2005）では、「リレーションシップバンキングとは、金融取引に固有な問題である情報の非対称性や融資契約の不完備性に対処する金融サービスの一形態であり、金融機関が個々の企業の経営に関する内部情報を収集・蓄積することによって情報の非対称性問題を緩和・解決する機能を発揮するビジネス・モデルである」と定義している。また、筒井・植村[注8]（2007）では、「リレーションシップバンキングとは、銀行と借り手の間の親密な取引関係を通じて銀行がソフトな情報を蓄積し、さまざまなメリットを生み出すこと、である」と定義し、さらにソフトな情報について「文書化したり他人に伝達したり、あるいはそれに基づいて契約を結んだりすることが難しい情報であり、外部者にとって容易に利用することのできない情報である」としている。これらからわかるのは、借手企業と貸手銀行の間に存在する情報の非対称性を回避する、あるいは緩和するためには、ディスクロージャーなどによって比較的容易に入手し得るハード情報とは対極にあるソフト情報の蓄積が重要ということである。そして、このソフト情報を入手するためには、借手企業・貸手銀行間の親密な取引関係が前提として必要となり、こうした親密な取引関係から展開されるのがリレーションシップバンキングだといえよう。

一方、金融庁ではより具体的な内容まで示している。同庁は金融審議会の答申を受けて、「平成15～16年度の2年間（「集中改善期間」）に、リレーションシップバンキングの機能強化を確実に図る」とした。その具体的行動として、「Ⅰ・中小企業再生に向けた取組み」及び「Ⅱ・健全性確保、収益性向上に向けた取組み」の2つを提示している。このうち前者においては、（a）創業・新事業支援機能等の強化、（b）取引先企業に対する経営相談・支援機能の強化、（c）早期事業再生に向けた積極的取組み、（d）新しい中小企業金融への取組みの強化、（e）顧客への説明態勢の整備、相談・苦情処理機能の強化、（f）進捗状況の公表（各金融機関・業界で半期ごとに公表）の6項目を織り込んだ。具体的な項目としては、（a）では人材育成（「目利き研修」の実施）、産学官連携、政府系金融機関等との連携など、（b）では情報提供の仕組み整備、債権健全化等への取組み強化、スキル向上のための研修プログラムの実施など、（c）では企業再生ファンドの組成、ＤＥＳ・ＤＩＰファイナンス等の活用、ＲＣＣ・産業再生機構・中小企業再生支援協議会等の活用、人材育成プログラムの実施など、（d）では担保・保証に依存しない新たな中小企業金融に向けた取組みの推進、証券化等への取組み、信用リスクデータベースの整備・充実とその活用などを提示している。そして（e）は顧客から不用意に苦情が出ないようにすることの対応、（f）はリレーションシップバンキング推進の進捗状況の公表である。

ここに掲げられた項目は、確かに借手企業・貸手銀行の双方にメリットをもたらす可能性があるが、実態に即してみて借手企業に大きなメリットをもたらすものであるかどうかは、さらなる検討が必要であると思われる。ユーザーとしての中小企業に関するメリットの確認が、リレーションシップバンキングが浸透するための前提となる。改めてそうした視点を明示的に意識しつつチェックしていくことが必要と思われる。

②融資審査の実務

次に、リレーションシップバンキングが、通常の金融機関における融資審査にどのように組み込まれているのか、またそこでどのような情報が必要とされているのか、みてみよう。リレーションシップバンキング研究会[注9]では、信用格付を前提として、そのための情報収集・処理について解説している。その内容としては、「A・スコアリングによる信用格付の定量要因で使用される財務指標

（図表Ⅰ－２－１）信用格付の判定要因

A．スコアリングによる信用格付の定量要因で使用される財務指標等の例
1．債務償還能力　フリーキャッシュフロー等
2．財務状況　自己資本比率、利益率等
3．補完的債務償還力　処分可能資産、親会社等
B．財務定量モデルによる信用格付の定量要因で使用される財務指標等の例
1．規模指標　自己資本額（純資産額）
2．安全性指標　流動比率、自己資本比率等
3．収益性指標　総資本経常利益率、インタレスト・カバレッジ・レシオ等
4．その他指標　増収率等
C．定性要因
1．経営指標　需要動向、競合状況
2．企業特性　業歴・沿革、経営者・経営方針、株主、労使関係、営業基盤、競争力等
3．将来のキャッシュフロー評価

（出所）リレーションシップバンキング研究会『ローンレビューの実践』

等の例」「B・財務定量モデルによる信用格付の定量要因で使用される財務指標等の例」「C・定性要因」の3点が示されている（図表Ⅰ-2-1）。大まかに言えば、AとBはトランザクションバンキングに係る情報処理で、Cがリレーションシップバンキングに係る情報処理であると見てよいだろう。またAでは、中小企業を主な対象とするスコアリングモデルなどが意識されており、Bでは、大企業を主な対象とする財務諸表準拠貸出が意識されていると思われる。ここでは例示としてではあるが、収集すべき情報について具体的項目が示されている。こうした情報に基づき対象企業の信用格付と債務者区分が決定されることとなる。

(2)「〝顔〟が見える中小企業金融」へ

近年、中小企業金融においては〝顔〟が見えにくくなっていると指摘されている。〝顔〟が見えないことが議論されるのは、それが企業金融の原点と考えられるからである。中小企業金融にまつわる高コストが問題視され、その対応策としてトランザクションバンキングの手法が提言されるようになったが、トランザクションバンキングはハード情報に主に依存する手法であり、個々の企業の個性・特性などにはあまり関心が向けられない。またハード情報には原データの真正性保証が必須であるが、中小企業とりわけ零細企業に対してそれを期待することには困難さが伴う。

そもそも金融業は、「付加価値を生み出すものを対象としなければならない」はずである。事業金融は、金融活動の「果実」を対価として成立する。つまり事業金融においては果実としての

「将来所得」が対価となる。そしてこの「将来所得」の源泉が、貸出を媒介して生み出される付加価値である。個々の中小企業の〝顔〞をしっかりと見るべきとする議論は、こうしたところまで及ぶ。情報の非対称性を克服し、信用リスク管理における技能・スキルをしっかりと磨き、個々の企業の〝顔〞をしっかりと見据えることを実践すべきである。それがリレーションシップバンキングの体制構築につながる道であろう。

3 地域金融機関のリレーションシップバンキング

では、中小企業等においては、地域金融機関のリレーションシップバンキングをどのように評価しているのだろうか。次に、金融庁のアンケート調査から、利用者の評価をみていこう。

(1) リレーションシップバンキングの利用者の評価

リレーションシップバンキングについては、金融庁が毎年調査を実施してきており、金融機関を利用する側から見たリレーションシップバンキングに対する評価等が時系列的にみられる。この調査は、元をたどると、バブル崩壊後に大手金融機関が破綻し、わが国で金融システム不安が起きたころにさかのぼる。金融システム不安の元凶は金融機関の不良債権処理が遅々として進まないことにあるとして、政府では不良債権を半減させるという方針を打ち出した。しかしながら、地域金融機関は多くの中小企業を取引先としてもっており、これらの不良債権処理を急激に進めるのは弊害が大き過ぎるとの指摘があり、この問題に対処すべく提言されたのが、いわゆる「リレーションシップバンキング」の強化であることは先に述べた。

金融庁はまず２００３年3月、「リレーションシップバンキングの機能強化に関するアクションプログラム」を公表、地域金融機関に対する利用者等の評価に関するアンケート調査を実施し、金融機関全体の利用者利便の向上を促すとともに行政においても活用することとした。当初は同プログラムに基づく取組みとしてなされたが、２００５年度には第2次のアクションプログラムが作られ、「地域密着型金融の機能強化の推進に関するアクションプログラム」に引き継がれた。さらにその後もアンケート調査が継続して実施されてきている。

このアンケート調査では、地域金融機関がどのようにリレーションシップバンキング（地域密着型金融）に取り組んできているのかをみていくことができる。以下でアンケート調査の内容をみていくことにする。

なお、２０１０年度分のアンケート調査から調査項目が大幅に見直されている。このため、調査の内容が前回までと異なり一部で連続性がないことに留意しつつ結果をみてみよう。

①地域密着型金融の取組み全体に対する評価

「地域金融機関の地域密着型金融に関する取組みをどのように評価しますか」という設問に対

し、積極的評価（「大変進んでいる」と「進んでいる」の合計）は２００４年度には45・４％であったが、２００５年度以降は比率が上昇し、２００９年度では51・１％となっている（**図表Ⅰ－２－２**）。

これに対し消極的評価（「全く進んでいない」と「あまり進んでいない」の合計）は２００４年度には37・４％であったが、以降はやや低下し、２００９年度では29・６％となった。２０１０年度では評価項目（選択肢）が変更されたが、積極的評価が47・９％であったのに対し消極的評価は18・１％であった（**図表Ⅰ－２－３**）。これが２０１３年度には積極的評価51・４％、消極的評価16・４％となっており、積極的評価が消極的評価をかなり上回りかつ増加傾向がみられる。地域密着型金融への地域金融機関の取組みについては、全体としては利用者から高い評価を受けていると

（図表Ⅰ－２－２）地域密着型金融の取組み全体に対する評価

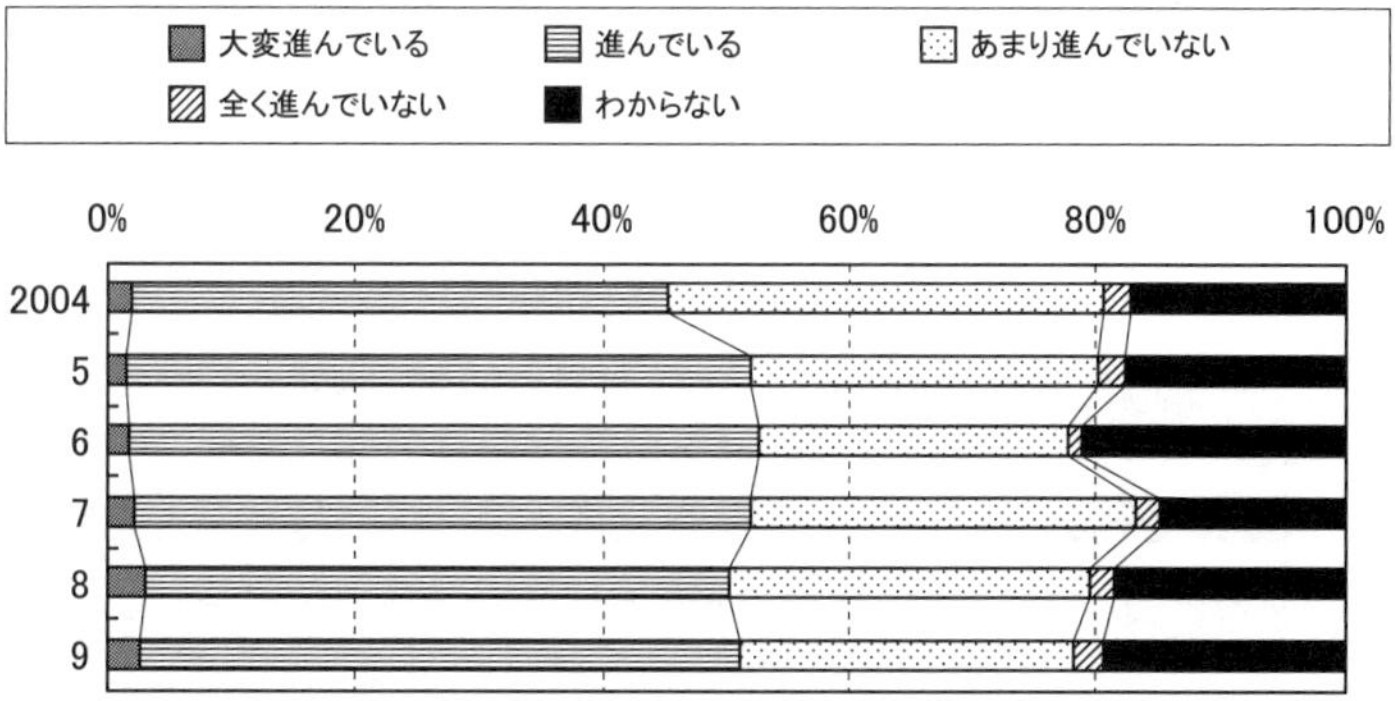

（注１）縦軸はアンケートの実施年度（以下同じ）
（注２）積極的評価＝「大変進んでいる」＋「進んでいる」
　　　　消極的評価＝「全く進んでいない」＋「あまり進んでいない」
（出所）金融庁（以下Ⅰ－２－７まで同じ）

考えられる。

②個々の取組みに対する評価

地域金融機関の地域密着型金融への取組みは、全体としては高い評価であるが個々の取組みについては利用者の評価はばらついている。以下で各取組みへの評価についてみていくこととする。

「創業・新事業支援への取組み」については、２００３年度は積極的評価24・５％に対し消極的評価48・６％であった。２００９年度には両者の比率が接近し、積極的評価33・９％に対し消極的評価36・１％となり、依然として消極的評価が上回ったもののその差は非常に小さくなってきた。２０１０年では積極的評価29・７％に対し、消極的評価24・９％となり、比率が逆転し、さらに２０１３年度には積極的評価38・３％、消極的評価16・３％となっている。創業等への支援の取り組みについては利用者の評価が高まってきていると

（図表Ⅰ－２－３）地域密着型金融の取組み姿勢（全体評価）

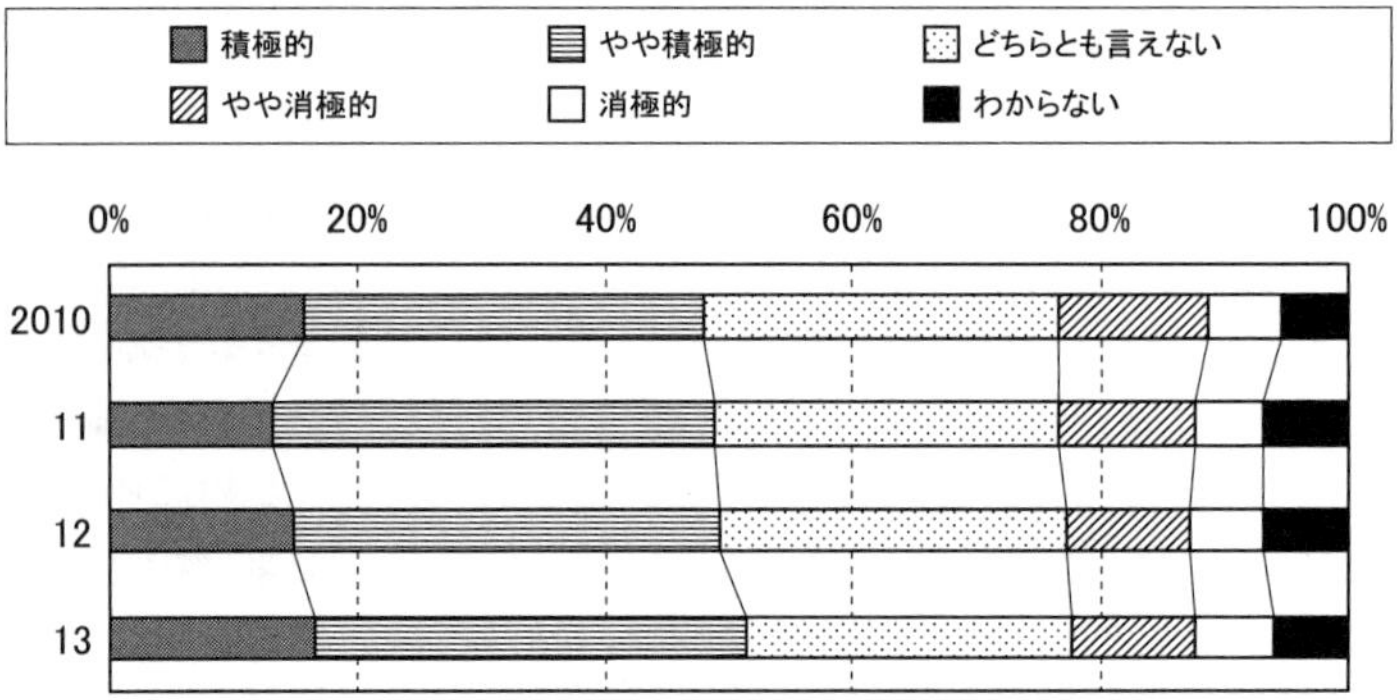

（注）積極的評価＝「積極的」＋「やや積極的」
　　　消極的評価＝「消極的」＋「やや消極的」

いえる。

「経営改善支援への取組み」については、２００３年度には積極的評価33・５％に対し消極的評価45・５％であった。以降、積極的評価が大きく上昇し２００６年度には50・７％とほぼ半数を占めるに至った。２００７年度からはやや比率が低下したものの、２００９年度でも積極的評価41・９％に対し消極的評価33・２％であった。２０１０年度では積極的評価44・９％に対し消極的評価18・９％となったが、これ以降はやや積極的評価が低下し、２０１３年度では積極的評価39・２％に対し、消極的評価19・１％となっている。経営改善への取り組みについては、評価水準は高いもののやや低下している。

「事業再生支援への取組み」については、２００３年度には積極的評価18・５％に対し消極的評価44・８％であった。以降は積極的評価がやや上昇したものの、２００９年度でも積極的評価20・４％に対し消極的評価34・９％となっている。２０１０年度では、積極的評価21・３％に対し消極的評価21・０％と、ようやく両者が拮抗してきた。２０１３年度は積極的評価20・９％、消極的評価19・０％である。事業再生への取組みは総じてあまり評価されていない状況といえるが、一方で「わからない」、あるいは「どちらともいえない」という回答の比率が他の設問と比較してかなり高い。これらから推測すると、事業再生についてはそもそも具体的な事例が少ないため評価できない利用者が多いのではないかとも考えられる。積極的評価が２割を占めていることについては前向きの評価ができるのではないか。

「事業承継支援への取組み」については、２００７年度には積極的評価19・２％に対し消極的評価42・３％であった。２００９年度も積極的評価22・９％に対し消極的評価32・５％となっている。２０１０年度では積極的評価22・１％に対し消極的評価13・５％と比率が逆転し、２０１３年度には積極的評価25・３％、消極的評価14・０％と積極的評価が高まってきた。ただ比率自体はかなり低いままであり、事業承継も事業再生と同様に「わからない」、「どちらともいえない」の比率が非常に高い。これも具体的な事例の少なさが評価に表れているものと思われる。ただ、積極的評価が増えてきていることは評価できるものと考える。

「担保・保証に過度に依存しない融資等への取組み」については、２００３年度には積極的評価20・４％に対し消極的評価61・２％と極端に消極的評価が多かった。以降、徐々に積極的評価が高まり、２００６年度には積極的評価41・６％、消極的評価42・４％と、ほぼ拮抗する

（図表Ⅰ－２－４）企業の将来性、技術力を的確に評価できる能力（目利き能力）の発揮に対する評価

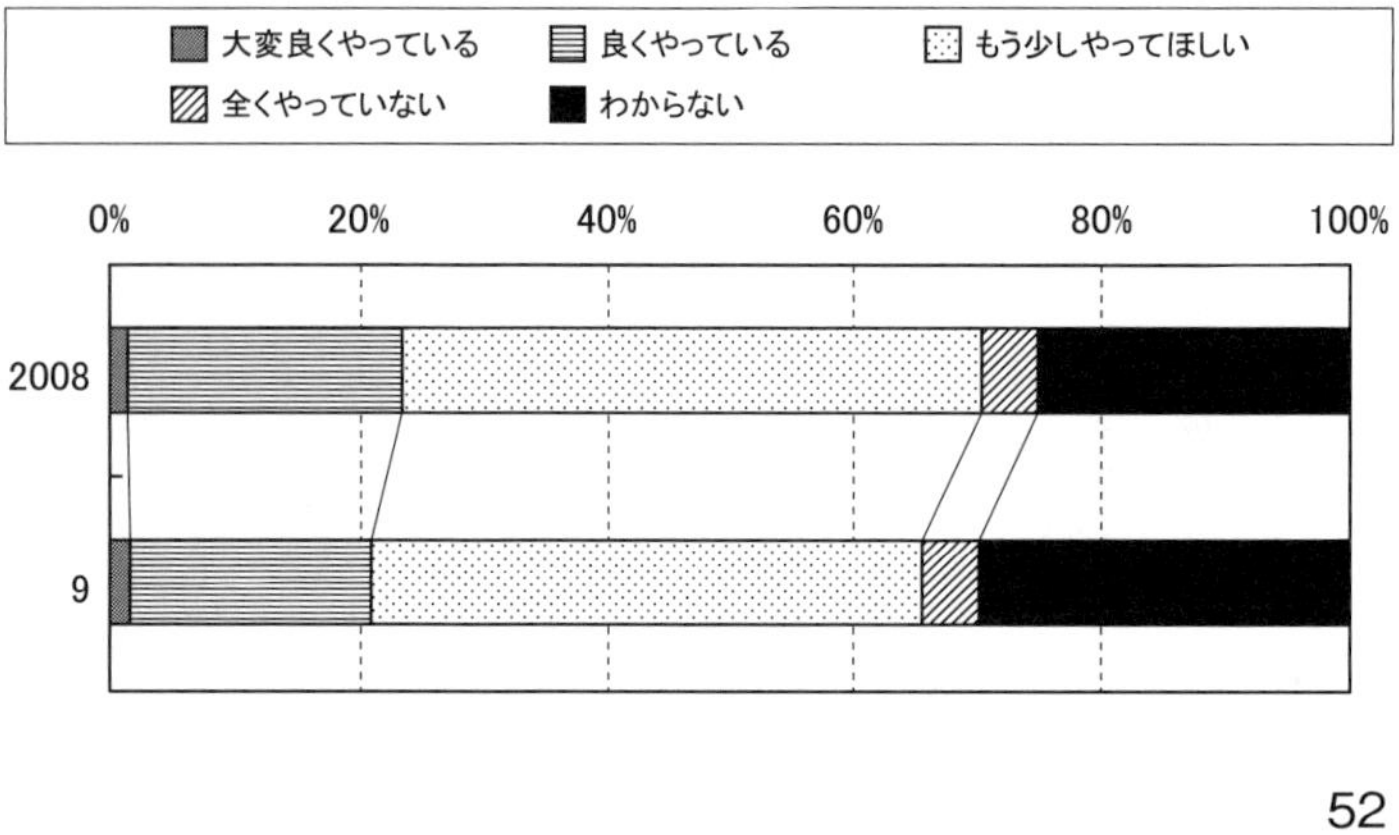

ところまできた。しかし２００８年度には積極的評価が低下し、２００９年度は積極的評価29・８％に対し消極的評価47・４％と差が大きく拡大した。２０１０年度以降は項目がないため最近の評価は不明だが、当時はリーマンショック以降の景気悪化の影響で、地域金融機関の融資姿勢がやや厳しくなっていた可能性がある。

「企業の将来性、技術力を的確に評価できる能力（目利き能力）の発揮」については、２００８年度は積極的評価23・３％に対し消極的評価51・４％と消極的評価が多く、２００９年度も積極的評価20・９％に対し消極的評価49・１％で２００８年度とほぼ同水準である（図表Ⅰ－２－４）。２０１０年度では「顧客企業の事業価値を見極め経営課題を発見・把握する能力（目利き能力）の発揮」と質問自体をやや変えて聞いているが、積極的評価26・９％に対し消極的評価28・８％と両者の差が縮まり、２０１３年度には積極的評価31・７％に対し、消極的評価25・４％と逆転した（図表Ⅰ－２－５）。目利き

（図表Ⅰ－２－５）顧客企業の事業価値を見極め経営課題を発見・把握する能力（目利き能力）

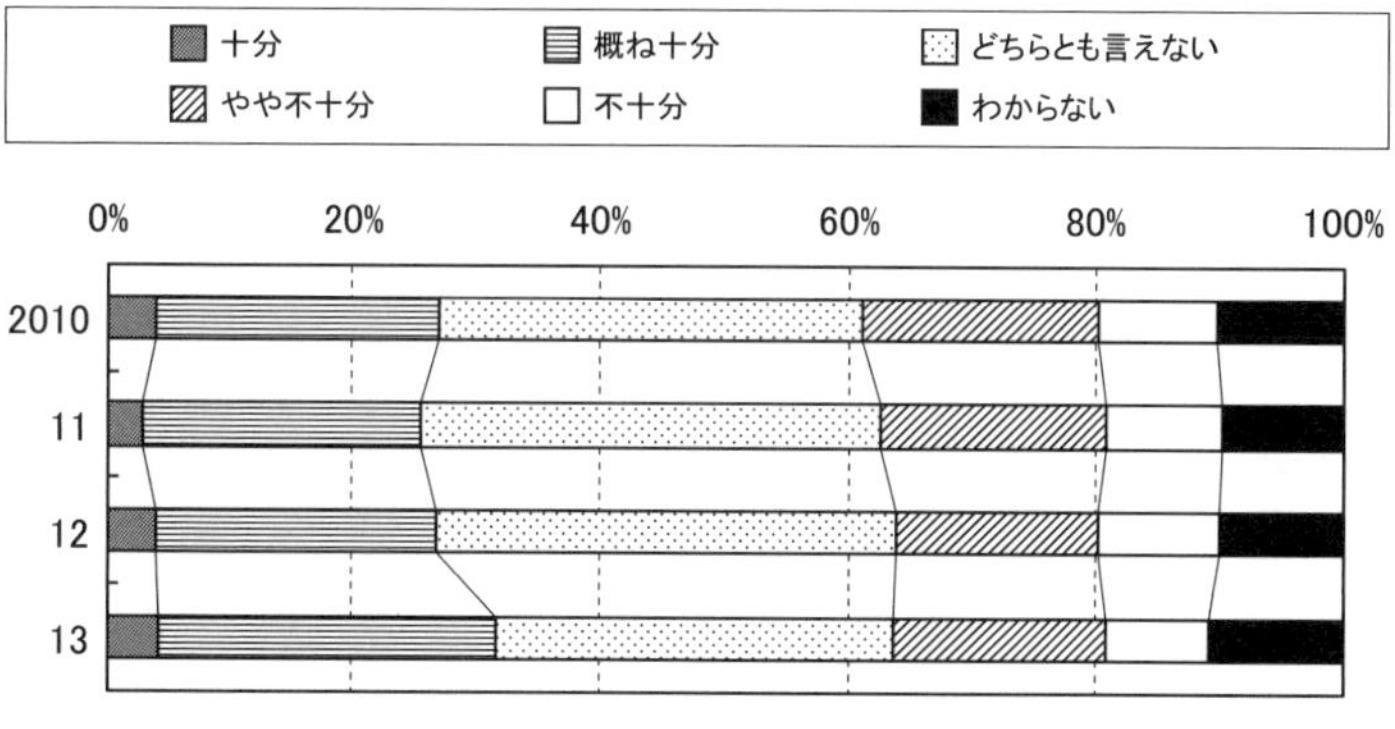

能力への評価は徐々に高まりつつあるものの、まだ消極的評価も多い。この能力はリレーションシップバンキング推進の基礎ともなるものであり、さらなる取組みが求められよう。

「地域全体の活性化、持続的な成長を視野に入れた、同時的・一体的な面的再生への取組み」については、２００７年度には積極的評価25・９％に対し消極的評価40・８％であった。２００９年度は積極的評価28・２％に対し消極的評価36・５％とやや差が縮小した。また、２０１０年度では「地域の面的再生への積極的な参画」として質問しているが、積極的評価34・０％に対し消極的評価25・１％と逆転し、２０１３年度では積極的評価38・７％、消極的評価21・０％とその差が開いてきている。これは地域に対する金融機関の本業（金融仲介サービス）にとどまらない取組みについて聞いているものであるが、積極的評価の理由を見ると、地場産業の育成や産学官連携など、概ね本業に関連した事業活動を評価している。地域金融機関の利用者は本業やその周辺の事業による地域への貢献を期待し、また評価しているものと思われる。

上記の設問以外に、２０１０年度からは新たに「モニタリング」、「日常の接触」、「外部専門家」の各項目について聞いている。以下、各項目についてみてみよう。

「ソリューション実行後のモニタリングの姿勢」については、２０１０年度は積極的評価25・０％に対し消極的評価17・９％で、２０１３年度も積極的評価25・８％、消極的評価14・８％であった。「どちらともいえない」が２０１０年度35・７％で、２０１３年度でも36・７％もあり、地域金融機関としてはやや物足りない結果である。

　ただ一方で、「顧客企業との日常的・継続的な接触（顧客企業への訪問等）の姿勢」については、２０１０年度で積極的評価が55・０%と過半数を占め、消極的評価は14・９%となっている（図表Ⅰ-２-６）。２０１３年度でも積極的評価56・４%、消極的評価14・１%となっており、この結果から見ると、顧客に対する新たな提案などのソリューション自体は少ないものの、地域金融機関は地域の顧客（中小企業、個人等）との関係の構築や維持については積極的に推進している様子がうかがわれる。こうした日常的な接触はリレーションシップバンキングにおける中長期的な関係構築の基礎となりうるものであり、評価できる。

「外部専門家・外部機関との連携姿勢」については、２０１０年度は積極的評価29・０%に対し、消極的評価25・０%、２０１３年度は積極的評価35・３%、消極的評価18・１%であった。

　以上のように、利用者等の評価に関するアンケート調

（図表Ⅰ－２－６）顧客企業との日常的・継続的な接触（顧客企業への訪問等）の姿勢

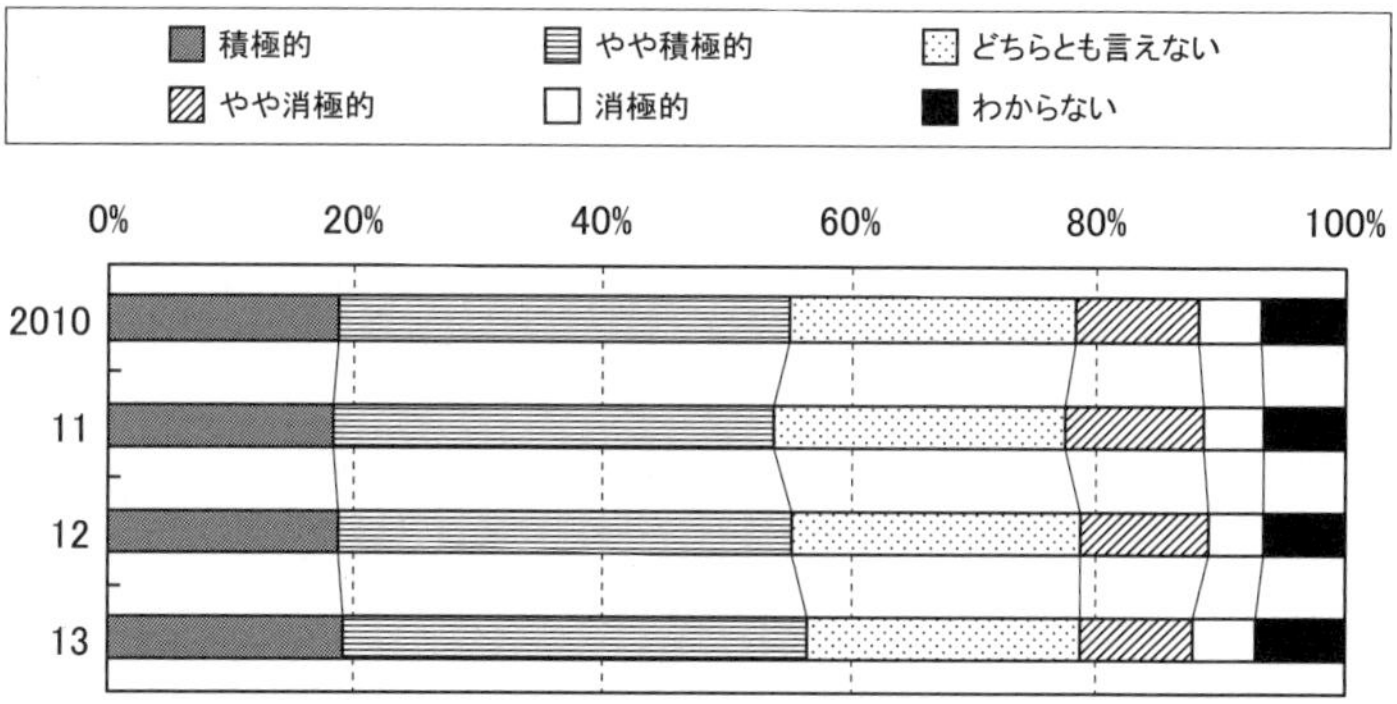

査の結果では、まず地域密着型金融の取組み全体について積極的評価が継続的に5割程度となっており、個々の施策について利用者が相応に評価しているものもある。なお、事業再生支援、事業承継支援、企業の将来性・技術力を的確に評価できる能力の発揮などでは、積極的評価の割合が小さいが、これらは再生や承継という局面に至る中小企業がまだ相対的に少ないことに加え、一方で利用者の期待度が大きいことの裏返しでもあるのではないかと思われる。評価の高さや期待度の大きさは、地域社会が地域金融機関にそれだけのものを求めているとの証拠であるともいえる。評価が低い項目についてはより一層の取組みが必要である。

③金融機関の実務者の意識

なお、2010年実施の第7回調査(2009年度調査)では、中小企業などの利用者だけでなく、金融機関側(実務者)にもアンケートを実施しているので、上記の結果と比較してみよう(「金融機関の実務者に対するアンケート

(図表Ⅰ－2－7)利用者の期待に応えるものになっているか

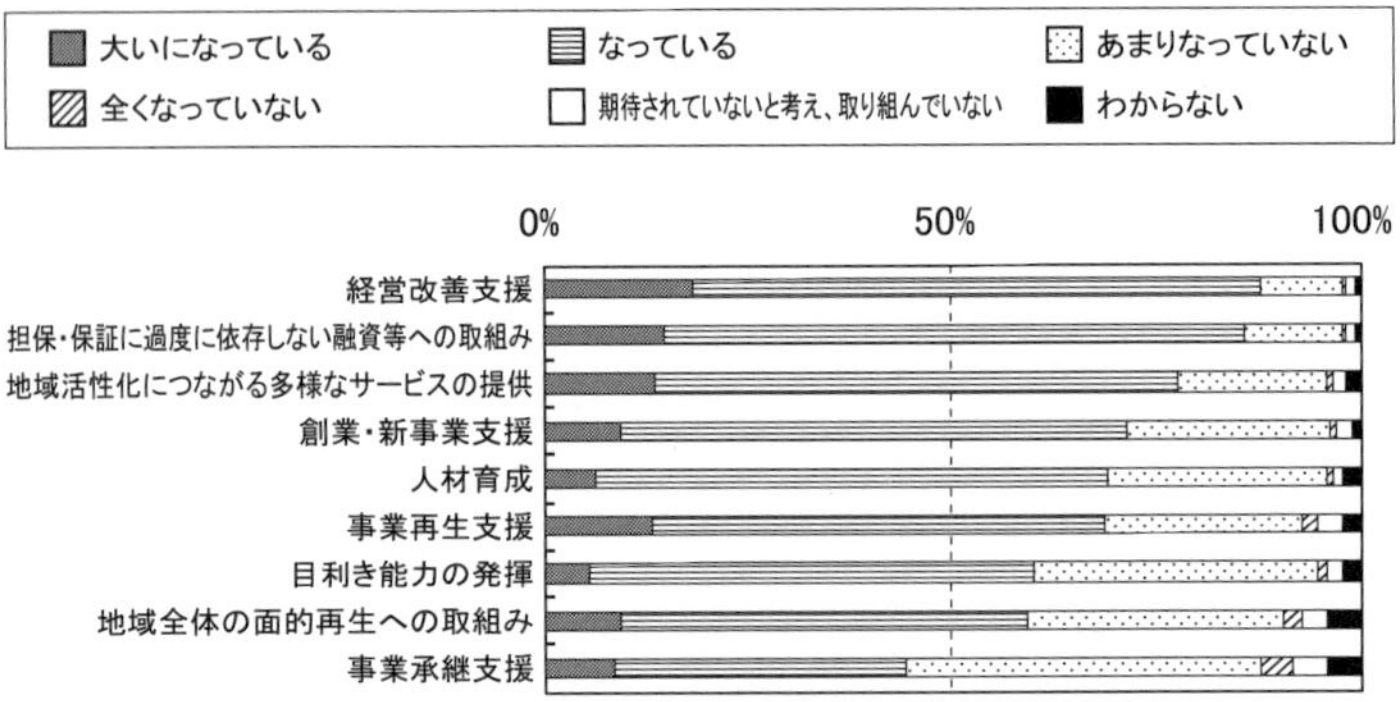

調査」２０１０年5－6月実施）。このアンケート調査の結果をみると、「利用者の期待に応えるものになっているか」という質問に対し、「経営改善支援」や「不動産担保・個人保証に過度に依存しない融資等への取組み」では、８割以上が利用者の期待に応えていると回答している（図表Ⅰ‐２‐７）、「大いになっている」と「なっている」の合計）。

一方、「事業承継支援」では4割が応えるものとなっていないと回答している（「全くなっていない」と「あまりなっていない」の合計）。金融機関の実務者が応えられていると回答したものでも、利用者の評価では取組みがまだ不十分と評価されているものが多く、利用者の評価と金融機関の自己評価には開きがあるといえる。厳しい評価もあるが、それだけ地域金融機関によるリレーションシップバンキングの推進に対する期待が大きいことを物語っていると考えられる。今後は継続的な取組みとともに、積極的な情報発信も必要であろう。

(2) リレーションシップバンキングに期待されるもの

ここまで、地域密着型金融への取組みに関するアンケート調査の内容をみてきたが、そこでは利用者の厳しい意見ほど、金融機関に期待するもの、つまり金融機関が地域においてどのように付加価値を生み出すべきであるかを如実に物語っているように思える。地域金融機関の利用者である中小企業が地域金融機関に求めているのは、まさに企業と金融機関が共同して新しい付加価値を生み出し、地域経済を活性化していくために必要不可欠な金融仲介サービスであろう。

昨今の経済・金融環境を振り返ると、中小企業は、わが国がリーマンショックと世界同時不況の勃発以降、不況色が色濃くなる中で、先行きが以前にも増して不透明な厳しい状況に置かれている。こうした中で、地域金融機関に求められるのは、不況下にある中小企業の経営改善支援や、先行き不透明な中で、企業とともに将来を切り拓いていく能力の発揮である。リレーションシップバンキングは、こうした状況において非常に強力なツールとなりうる。

そもそもリレーションシップバンキングは、金融機関と顧客との間にリレーションシップ（親密な関係）を構築し、それにより得られる顧客に関する情報を基にして、金融仲介サービスを提供することであり、そのためには中長期的な関係の構築と維持が必要となる。

リレーションシップバンキングは、そもそも従来から地域金融機関が行ってきた金融仲介サービスの機能として備わっていたものであるといえる。その性格は、いわゆる銀行業務と証券業務を対比すると明確になる。銀行業務の代表である貸出業務は、それが企業に融資された後も返済が終了するまでは継続する性格を持っている。証券取引のような1回限りで終わってしまう取引ではない。つまり地域金融機関と取引先である企業、中小企業との間の中長期的な関係性、リレーションシップは、貸出という業務にははじめから備わっているものである。それは具体的に、貸出から返済されるまでモニタリング等を行っているという、貸出の実行から返済までの一連の業務を追えば一目瞭然である。

金融機関は、本業である預金・貸出業務において、預金を預かっている期間中、あるいは貸出してから返済されるまでの間、金利を支払いまた受取っている。これはその期間中は一貫して金融機関が金融仲介サービスを提供していることに他ならない。金融機関の付加価値は、預金を預かった一時点、貸出を実行した一時点だけで生み出されているのではなく、返済されるまで付加価値を生産し続けている。それが金融仲介サービスの対価としての利ざやである。金融機関は顧客との継続的な関係の中で付加価値を生み出していくという性格を本来有しているといえる。このように考えれば、金融機関がリレーションシップバンキングにより顧客との関係を構築していくときに、モニタリング機能も継続的に付加価値の源泉となる重要な機能と位置づけることができる。

　これを地域経済の活性化の視点からみると、例えば、地域の中小企業等に対し情報をつないで商取引の拡大、ひいては地域経済の活性化を図るビジネス・マッチングというサービスを多くの地域金融機関が提供している。この事業と地域金融機関のリレーションシップバンキングとは密接につながっており、リレーションシップバンキングで得た情報自体が、地域の財・サービス取引を拡大し、地域の中小企業の発展を支援するツールとなる。ビジネス・マッチングによる直接の商取引の成立に伴う金融仲介サービスの実現や、さらにそれらにより地域の経済活動が活発になることにより地域における金融取引の活発化につながっていく。こうした形で、金融機関の本来業務である金融仲介サービスは、地域における財・サービス取引の裏側で、経済活動を支える役割を果たしている。

（3）ツールとしての電子記録債権

①手形とリレーションシップバンキング

金融機関がリレーションシップバンキングを推進するツールには様々なものがあるが、中でも手形（割引手形）は、過去には中小企業の資金調達手段として重要な地位を占めていた。これを金融機関側からみると、企業が金融機関で割引手形として資金調達することで、企業と金融機関との取引関係が深まるものであるとともに、金融機関に企業の経営状況に関する様々な情報をもたらしてくれるものでもあった。金融機関は、手形を割引くことにより、取引先の製品・商品の販売先や、販売先との取引条件、決済条件などの情報を得ることが可能である。また、販売先との取引が継続的になされていれば、毎月、金融機関に手形が持ち込まれる、あるいは金融機関が集金に訪問する等、企業と金融機関との間でほぼ毎月情報交換がなされることになる。金融機関はこうした継続的な取引により、手形の期間の変化など、財務諸表等からは読み取れない企業の経営情報が得られることにもなる。

すなわち、金融機関がリレーションシップバンキングを推進する上で、割引手形は毎月情報を提供してくれる重要なツールであった。金融機関のリレーションシップバンキングは、取引先に関するきめ細かな情報収集を行うことにより、財務諸表などの数字には表れない情報をもとにした、リスク管理、与信管理、新たな信用供与を行うことを可能とするものであるが、割引手形は金融機関の情報収集を支える重要な手段であったといえる。

しかしながら近年では、印紙税がかかる手形が企業から敬遠されるようになり、それとともに企業間の手形取引が縮小した。このため金融機関の割引手形も急減し、金融機関にとっての情報収集の手段、リレーションシップバンキングのツールの一つが機能しなくなってきている。この手形に代替する新しい資金決済手段として登場したのが電子記録債権である。

②電子記録債権への取組み

電子記録債権の根拠となる電子記録債権法は２００８年12月から施行され、３機関が電子債権記録機関として指定されている。まず２００９年６月に日本電子債権機構㈱が、２０１０年には６月にＳＭＢＣ電子債権記録㈱、９月にみずほ電子債権記録㈱が指定された。このうち、日本電子債権機構㈱では電子手形決済サービスを実施しており、そのサービスの実績について２００９年11月分から公表している。当初の利用者は11月時点で16社であったが、その後急速に増加し２０１４年９月時点では５５、０３８社となった。また、参加している金融機関は46機関、取扱債権は月３万件を超え、９月末の債権残高は１兆７、０１９億円（約13・６万件）の規模まで拡大した。なお、ＳＭＢＣ電子債権記録㈱では、中小企業が大企業に対して保有する債権を電子記録債権化して買い取る電子記録債権版一括ファクタリング等のサービスを提供し、みずほ電子債権記録㈱では、電子記録債権を活用した決済サービスと、シンジケート・ローンの債権譲渡取引に電子記録債権を活用したサービスを提供している。

　このようにメガバンクでは先行して電子記録債権のサービスをスタートさせたが、全銀協でも２０１０年6月に㈱全銀電子債権ネットワークを設立し、２０１３年2月から「でんさいネット」をスタートさせた。企業理念として、「銀行の信頼・安心のネットワークを基盤として、電子記録債権を記録・流通させる新たな社会インフラを全国的規模で提供し、中小企業金融をはじめとした金融の円滑化・効率化を図ることにより、わが国経済の活性化に貢献」することを掲げ、全銀行参加型を採用した。実際に、全国の銀行、信用金庫、信用組合など４９１の金融機関が参加している。利用者の登録数は２０１４年8月現在で約38万社となった。１か月間の取扱い（発生記録請求件数）は5万件超、金額も4千億円超となっている。8月末の残高は1兆5、３６７億円である。

　これまでの3社に加え「でんさいネット」の稼働により、電子記録債権を扱う金融機関が飛躍的に増え、全国規模で中小企業の多くが電子記録債権を利用するようになることが期待されている。電子記録債権は、いわば売掛金を手形のように便利な資金調達手段に変えるものであり、手形が減少してきた状況下で中小企業にとっては売掛金を活用した有力な資金調達手段が増えることとなる。実際に記録するためには、売掛、買掛の双方の企業による記録が必要であるが、ほとんどの企業は売掛金、買掛金ともに有していることから、自社の売掛金を電子記録債権に記録するに際して自社の買掛金も記録することにはあまり抵抗はないのではないかと思われる。いずれにしても、普及が進展することが利便性の前提ともなることから、「でんさいネット」の稼動が起爆剤となって中小企業の利用が進み円滑な資金調達に寄与することが期待される。

さらに、従来の割引手形との対比でみれば、金融機関が推進するリレーションシップバンキングにおいて、電子記録債権は手形に代替する機能を果たすことが可能ではないだろうか。電子記録債権の譲渡が割引手形のように毎月行われるようになれば、中小企業と金融機関との関係はより密になり、また売掛金の動きや決済条件などの情報のやりとりが行われることで、金融機関はリレーションシップバンキングを推進するための有力なツールを得ることとなろう。

【注】

（１）特定住宅金融専門会社の債権債務の処理の促進等に関する特別措置法

（２）金融機関の経営の健全性確保のための法律、金融機関の更生手続きの特例に関する法律、預金保険法の一部を改正する法律の３法

（３）日本公認会計士協会「銀行等金融機関の資産の自己審査に係る内部統制の検証並びに貸倒償却及び貸倒引当金の監査に関する実務指針」

（４）金融機能の再生のための緊急措置に関する法律、預金保険法の一部を改正する法律、金融再生委員会設置法、金融再生委員会設置法の施行に伴う関係法律の整備に関する法律

（５）金融機関の早期健全化に関する緊急措置に関する法律

（６）ＤＩＰファイナンスとは、法的再建手続き途上にある企業向け融資で、旧経営陣に引き続き経営を任せつつ融資を行うもの

（7）村本孜『リレーションシップ・バンキングと金融システム」（東洋経済新報社、2005年2月）

（8）筒井義郎・植村修一『リレーションシップバンキングと地域金融』（日本経済新聞出版社、2007年5月）

（9）リレーションシップバンキング研究会『ローンレビューの実践―貸出資産健全化へ向けた「仕組み」―』（金融財政事情研究会、2004年3月）

第Ⅱ部　中小企業金融と財務の動向

第1章　倒産の減少

バブル崩壊後わが国は低成長経済に移行したものとみられる。こうしたなか企業倒産がどのように推移してきたのか。勿論、倒産動向については、企業の財務内容の優劣が反映されるものと思われるが、それ以外にも足元の経済・金融の動向の影響を受けると思われる。本章では主に一般財団法人企業共済協会発行の「企業倒産調査年報」[注1]に掲載されている倒産関連データを用いて、平成３年度以降の倒産件数・負債額の推移および中小企業[注2]の財務内容と倒産件数の関連についての分析を試みる。

1　金融機関の貸出残高の推移

バブル期以降の金融機関の総貸出残高の推移についてみると、昭和62年度から平成元年度までは二桁以上の伸び率が続いた後、平成２年度以降は金融情勢の悪化を映じて伸び率の低下が続き、平成５年度には１％未満となり平成８年度から16年度にかけては９年連続で前年割れが続いた。

その後平成17年度に一旦プラスに転じたが、平成22年度までは20年度を除いてマイナス乃至は１％未満の極めて低い伸びが続いた。ただ平成23年度以降については３期連続のプラス成長となり、伸び率も高まってきている（**図表Ⅱ・１・１**）。

　中小企業向け貸出残高の推移についてみると、バブル期は大企業向け貸出が伸び悩むなか、二桁以上の伸び率が続いていたが、平成３年度以降は伸び率が大幅に鈍化し、平成７年度以降24年度にかけては平成17、

（図表Ⅱ－１－１）貸出残高の推移（前年度比伸び率：％）

年度	総貸出	中小企業	大企業	個人
平成元年度	12.1	14.0	2.9	19.1
2	6.9	5.9	2.0	10.9
3	3.7	1.4	3.6	5.3
4	2.9	2.4	1.7	1.5
5	0.9	1.3	0.0	▲ 0.2
6	0.3	1.0	▲ 1.5	▲ 0.3
7	0.5	▲ 0.1	▲ 2.5	7.2
8	▲ 0.9	▲ 1.6	▲ 2.4	3.3
9	▲ 1.0	▲ 2.5	▲ 0.8	2.4
10	▲ 0.5	▲ 4.1	5.2	1.2
11	▲ 2.9	▲ 4.4	▲ 1.8	1.1
12	▲ 2.4	—	—	0.9
13	▲ 4.7	▲ 7.0	▲ 6.7	2.3
14	▲ 4.9	▲ 8.0	▲ 6.0	3.0
15	▲ 3.5	▲ 4.8	▲ 7.8	3.6
16	▲ 2.8	▲ 2.8	▲ 9.1	2.7
17	0.7	0.7	▲ 3.6	3.4
18	▲ 2.1	0.4	▲ 12.2	1.1
19	0.8	▲ 1.9	3.4	1.9
20	3.5	▲ 1.0	14.0	2.5
21	▲ 1.3	▲ 1.4	▲ 4.9	▲ 0.7
22	▲ 0.6	▲ 1.2	▲ 3.3	0.8
23	0.5	▲ 1.1	1.6	1.6
24	1.8	▲ 0.3	4.5	2.7
25	2.2	1.4	2.1	3.0

（資料）当研究所『商工金融』、日本銀行「日本銀行統計」
（注１）総貸出は、国内銀行、信用金庫、信用組合、日本政策金融公庫、商工中金の合計。なお、平成15年度までは（独）福祉医療機構、平成17年度までは日本政策投資銀行、平成19年度までは国際協力銀行を含む
（注２）信託勘定、当座貸越を含み、金融機関貸付を除く
（注３）中小企業の定義が変更されたため、企業向けの平成12年は不連続

18年度を除き減少傾向が続いた。特に平成13、14年度はそれぞれ前年度比▲7・0%、▲8・0%と大幅に減少するなど、前年度割れとなった年度が期間中の大半を占めている。ただ、平成25年度は7年ぶりに増加に転じた。

金融緩和が続くなかで長期に亘り金融機関の貸出残高が伸び悩んでいる要因としては、前半の平成3年度～13年度は、企業のリストラによる借入金圧縮の動きや金融機関の不良債権問題による「貸し渋り」などが考えられる。不良債権残高がピークを超えた後半の平成14年度以降(注3)については、名目経済成長率がマイナス圏で推移していたことや(注4)、企業がリストラの手を緩めないことから資金需要が低迷していたことなどが考えられる。ただ、平成23年度以降は大企業を中心に貸出残高は増加傾向にあり、長期低迷から脱しつつあるようにみえる。

2 中小企業の資金繰り

ここでは、日本銀行の「企業短期経済観測(注5)」に基づき中小企業の「金融機関の貸出態度」と「資金繰り(注6)」の年度末ＤＩの推移についてみてみることとする（**図表Ⅱ-1-2**）。

まず「金融機関の貸出態度」については、平成2年度は＋1と、「緩い」が「厳しい」をわずかに上回っており、その後平成8年度の＋12までプラスが続いたが、平成9年度は一気に▲19と大幅な「厳しい」超に転じ、その後平成15年度の▲2までマイナスが続いた。平成16年度の＋7

から19年度の＋5までは「緩い」超が続いたが、平成20年度は▲14と再び大幅な「厳しい」超に転じた。ただ、その後マイナス幅は縮小し、平成22年度は±0となり、23年度以降はプラスに転じている。平成25年度は＋9である。

　大企業と比較すると、総じて中小企業のほうが厳しい状況が続いている。特に、平成11年度から15年度にかけて大企業はプラス、中小企業はマイナスとなっており、その差が目に付く。ただ、平成元年度から2年度にかけてと平成8年度から9年度にかけて、および平成19年度から20年度にかけては、大企業のＤＩが急激に悪化し、いずれの時期も中小企

(図表Ⅱ－１－２)企業の資金繰り判断と金融機関の貸出態度判断の推移

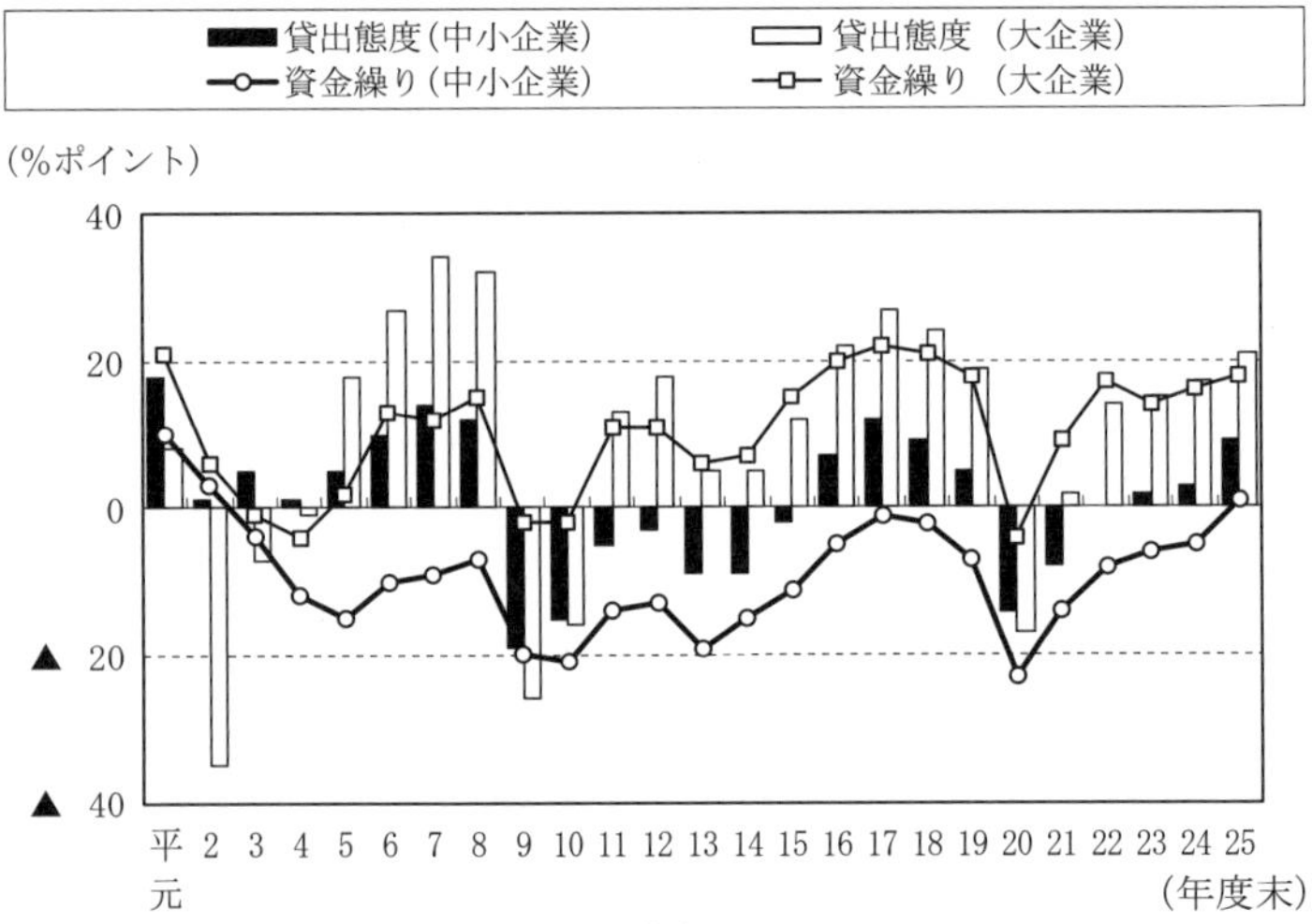

(資料) 日本銀行「企業短期経済観測調査」
(注) 資金繰り判断は「楽である」－「苦しい」、貸出態度は「緩い」－「厳しい」の企業割合

業よりもＤＩのマイナス幅は大きくなった。このことからバブル崩壊（株価下落、総量規制通達発出）、金融システム不安の高まり、リーマンショックに端を発した世界同時不況のタイミングでは、規模の大小を問わず金融機関の貸出態度が非常に厳しくなったことが窺える。

次に「資金繰り」については、平成２年度は＋３と、「楽である」が「苦しい」を上回っていたが、平成３年度には▲４と「苦しい」超となり、その後平成５年度の▲15まで悪化が続き、平成６～８年度はマイナス幅が縮小したが、平成９年度▲20、平成10年度▲21に大幅に悪化した。その後もマイナス幅の増減はあるが、平成24年度の▲５までマイナスが続き、平成25年度に＋１と23年ぶりにプラスとなった。このように金融緩和の状態が続くなかでも、中小企業の「資金繰り」については、「苦しい」が「楽である」を上回る状態が長期間続いた。

大企業と比較すると、期間を通じて中小企業のほうが厳しい状況が続いている。大企業の「金融機関の貸出態度」ＤＩが中小企業の同ＤＩを下回る時期においても「資金繰り」ＤＩは中小企業のほうが厳しいということは、中小企業の資金繰りは大企業よりも「金融機関の貸出態度」の影響を強く受けるということを示している。

なお、中小企業の２つのＤＩの変動（増減）についてみると、「金融機関の貸出態度」、「資金繰り」双方のＤＩともにほぼ同じような動きを示している。これは、中小企業の資金調達については直接金融によることは難しく間接金融に依存しているために、「金融機関の貸出態度」が相当程度「資金繰り」に反映されていることを裏付けている。ＤＩの変動の背景についてみると、平成8年度末から平成9年度末にかけての悪化は、金融システム不安が高まった影響と思われる。また、平成19年度末から20年度末の悪化については、リーマンショックに端を発する世界同時不況の影響とみられ、平成21年度以降DIが改善してきている背景には、「中小企業者等に対する金融の円滑化を図るための臨時措置に関する法律」（以下、「中小企業金融円滑化法」という）が影響している可能性がある。加えて東日本大震災以降は、セーフティーネット保証（5号）や復興特別貸付などの震災対応支援策の効果もあるように思われる。

3 企業倒産の動向

（1）倒産件数

バブル期以前の直近の倒産件数のピークは昭

（図表Ⅱ－1－3）倒産件数と負債額の推移

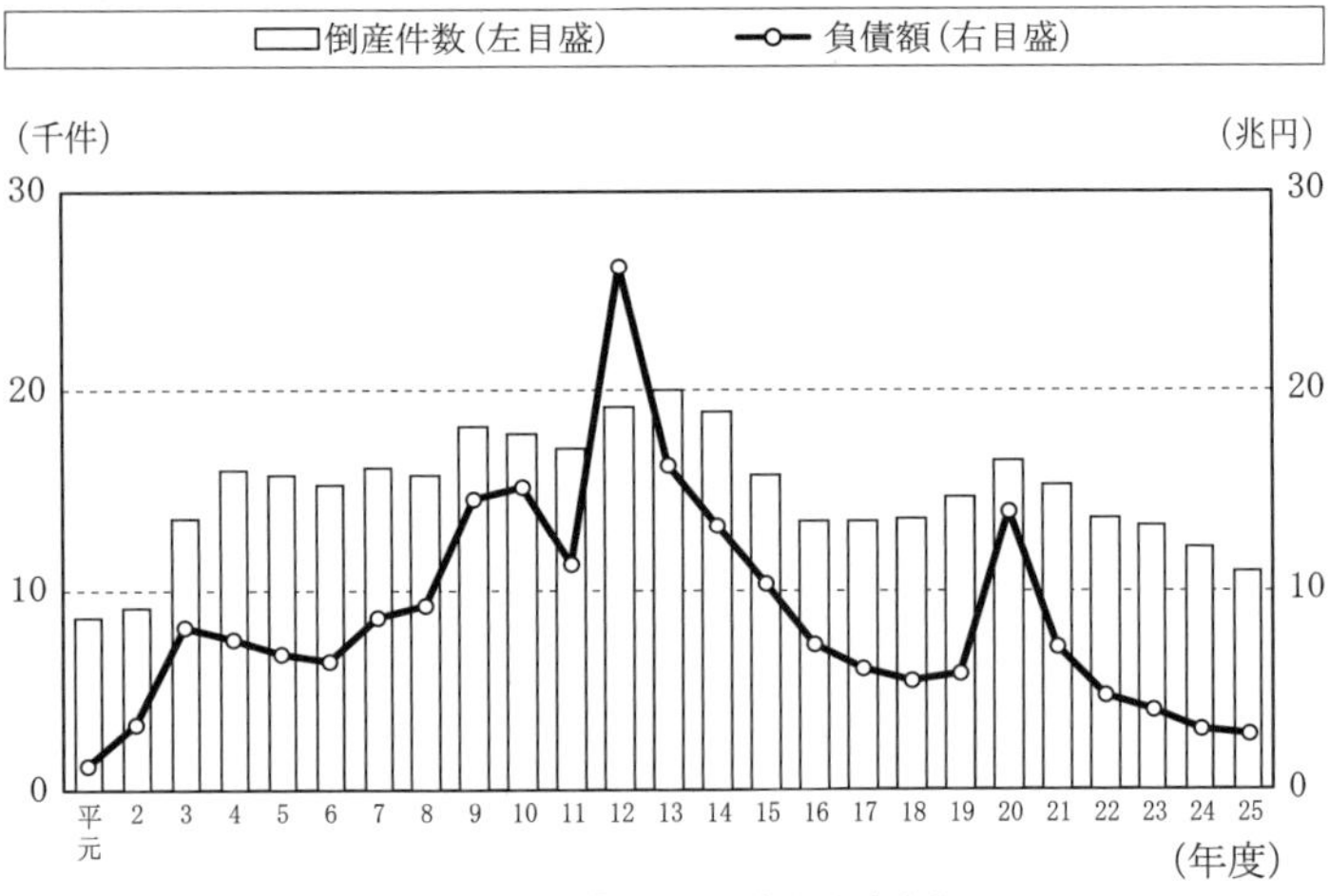

（資料）一般財団法人企業共済協会『企業倒産年報』各年版

和58年度の2万9、661件であった。その後6年連続で減少し、平成元年度は8、659件と直近ピークの3分の1以下となった（図表Ⅱ-1-3）。翌平成2年度は9、172件と若干増加したが、2年連続1万件を下回る低い水準であった。

　バブル崩壊後の倒産件数の推移をみると、平成3年度は1万3、578件と前年度比＋4、406件（同＋48％）と急増した。その後年度により多少の増減はあるものの、大手金融機関が破綻し金融システム不安が高まった平成9年度に急増し、その後2年間は減少したが、ITバブルが崩壊した平成12年度に再び増加に転じ、不良債権残高がピークに達した平成13年度に平成以降のピークの1万9、991件に達した。以降については、平成14～17年度は減少、平成18～20年度は増加、平成21年度以降は減少に転じ、足元平成25年度の倒産件数は1万956件と、平成3年度以降最少となった。

(2) 負債額

　負債額の推移についてみると、バブル期以前の直近のピークは昭和60年度の4兆4、551億円であった。その後4年連続で減少し、平成元年度は1兆1、996億円と直近ピークの約4分の1となったが、平成2年度は一件当たりの負債額が前年度の約3倍となったことなどから負債額は3兆2、886億円と急増した（図表Ⅱ-1-3）。

　バブル崩壊後の負債額の推移をみると、平成3年度は8兆1、527億円（前年度比＋4兆8、

６４１億円）と、前年度のほぼ２・５倍に急増した。その後の推移については、倒産件数と同様に年度による多少の増減はあるものの、前半は増加傾向が続き平成12年度に平成以降のピークの26兆１、３１５億円に達した。これは、上場企業を中心とした大口倒産の影響が大きかったことに因るものと思われる。[注7] 以降については、平成13～18年度は大幅に減少、平成19～20年度はやや増加、平成21年度以降再び減少に転じ、平成25年度の負債額は２兆７、７７２億円と平成３年度以降最小となった。このように期間を通じてみれば、前半は急増し、後半は平成19、20年度を除き減少という傾向が確認される。

４ 中小企業の倒産分析

（１） 経済・金融環境と倒産の関係

ここでは相関係数を用いて、経済・金融環境の変動と中小企業の倒産件数の相関についてみてみることとしたい。なお、経済環境要因としては、経済の動向を定量的に示すデータとして、実質ＧＤＰ成長率、地価の変動率の２つを選んだ。また、金融環境要因を示すデータとして、中小企業向け貸出残高（の伸び率）を選んだ。

はじめに経済環境と倒産件数との相関についてみると、平成３年度から25年度までの23年間の実質ＧＤＰ成長率と倒産件数との間には弱い負の相関が確認される（**図表Ⅱ－１－４**）。この結果から、この期間の倒産件数の動きについては経済成長率との相関はないとはいえないがその関連は弱く、倒産件数の増減は経済成長率以外の要因にも左右されているものとみられる。また、バブル崩壊の影響が直接的に反映された地価の変動率と倒産件数との相関について確認してみると、中程度の負の相関がみられる。

次に金融環境と倒産件数との相関についてみると、同期間の中小企業向け貸出残高の伸び率と倒産件数の間には中程度の負の相関が

（図表Ⅱ－１－４）経済・金融環境および資金繰りと中小企業の倒産件数の相関

計測対象項目	相関係数	相関係数の目安
実質GDP成長率	▲ 0.32	弱い負の相関がある
地価の変動率	▲ 0.60	中程度の負の相関がある
中小企業向け貸出残高の伸び率	▲ 0.64	中程度の負の相関がある
国内銀行の貸出残高の伸び率	▲ 0.67	中程度の負の相関がある
民間金融機関の貸出残高の伸び率	▲ 0.60	中程度の負の相関がある
政府系金融機関の貸出残高の伸び率	0.06	ほとんど相関がない
中小企業の金融機関の貸出態度DI	▲ 0.61	中程度の負の相関がある
中小企業の資金繰りDI	▲ 0.81	強い負の相関がある

（資料）一般財団法人企業共済協会『企業倒産年報』各年版、内閣府「国民経済計算」、国土交通省「地価公示」、日本銀行「日本銀行統計」、「企業短期経済観測調査」、当研究所『商工金融』
（注１）計測期間は平成３～25年度の23年間、相関係数は小数点第３位未満切り捨て
（注２）実質ＧＤＰ成長率は、平成３～６年度は平成12年度基準、平成７年度以降は平成17年度基準
（注３）地価は公示地価（商業地）とし、変動率は同年から翌年で算出
（注４）中小企業向け貸出残高、国内銀行の貸出残高伸び率は、データが連続していない平成12年度を除く

確認される。そしてこの相関については、大企業を含めた全規模の倒産件数と金融機関の総貸出の伸び率の相関よりも強いことから、中小企業の場合は相対的に間接金融の依存度が高いとみられる(注8)。なお、中小企業向け貸出について、国内銀行、民間金融機関、政府系金融機関のそれぞれの貸出残高の伸び率との相関についてみると、国内銀行と民間金融機関にはともに中程度の負の相関がみられ、中小企業向け貸出全体の傾向と軌を一にしているが、政府系金融機関には相関がみられない。

(2) 資金繰りと倒産の関係

倒産は、資金繰りが破綻することにより引き起こされるため、倒産件数の多寡は資金繰りの影響を強く受けると予想される。特に中小企業の場合はこうした傾向が強いと思われる。ここでは、先程と同様に相関係数を用いて、中小企業の「金融機関の貸出態度」、「資金繰り」と倒産件数との相関についてみてみることとする。具体的には、日本銀行の「企業短期経済観測」の中小企業の「金融機関の貸出態度」ＤＩ、「資金繰り」ＤＩと倒産件数の相関係数を算出する。

結果については、「金融機関の貸出態度」とは中程度の負の相関が確認され、「資金繰り」とは強い負の相関が確認される（**図表Ⅱ-1-4**）。なお、「資金繰り」は「金融機関の貸出態度」も考慮したうえで判断するとなっているが(注9)、「金融機関の貸出態度」と「資金繰り」との間には強い正の相関がみられることから(注10)、中小企業の「資金繰り」は「金融機関の貸出態度」の影響を強く受けているものとみられる。

5 中小企業の倒産件数と財務内容

中小企業は、大企業に比べると企業体力が十分といえないことから、これまでみてきたように経済・金融環境をはじめとする外部環境の影響を受けやすい体質にある。また、財務内容だけでは判断できない強みや弱みも抱えている。従って、その財務内容の優劣、好転・悪化だけでは倒産件数の多寡や増減を説明することは困難であると思われる。しかしながら、財務内容と倒産件数の相関について確認を行い、財務分析の理論（以下、「理論」）との整合性について考えてみることは有益であろう。

ここでは財務省の「法人企業統計調査」（年次調査・除、金融業、保険業）を用いて、平成３年度から24年度までの中小企業の主な財務指標と倒産件数の関連について検証を試みることとする。同調査のデータは倒産を免れた先のデータとなるが、マクロの中小企業の財務動向を反映したものであることから、当該データと倒産件数との相関を確認する意味は十分にあると考えた。具体的な分析方法は、同調査における資本金１億円未満の法人の財務内容と、「個人」を除く同規模の倒産件数との相関係数を算出し、理論との整合性を確認することとする。倒産件数から「個人」を除く理由は、同統計調査データには「個人」が含まれていないからである。

なお、財務内容をみるために、安全性3指標（「自己資本比率」、「流動比率」、「固定比率」）と収益性2指標（「ＥＢＩＴＤＡ」[注11]、「損益分岐点（売上高）比率」）および「債務償還年数」、の6つの財務指標を選んだ。[注12] これらの指標を選択した理由は、一般的に倒産は経営の安全性、キャッシュフロー、不況に対する抵抗力、債務の償還力との関連が強いと思われるからである。なお、キャッシュフローの指標としては経常利益をベースとした指標が用いられる場合もあるが、営業利益のほうが本業の実力を示すとみて本稿では「ＥＢＩＴＤＡ」を採用した。

（1）全体の傾向

全期間22年を相関係数の計測対象期間とした場合は、「自己資本比率」、「流動比率」には弱い負の相関が、「固定比率」には弱い正の相関が確認される（**図表Ⅱ－1－5**）。また、「ＥＢＩＴＤＡ」には中程度の負の相関が確認され、「損益分岐点比率」には中程度の正の相関が、「債務償還年数」には弱い正の相関が確認される。総じてみると、強い相関はみられないものの理論と矛盾のない結果となっている。

さて倒産件数の推移については先ほど述べたとおり前半の平成3年度～13年度と後半の平成14年度以降で動きが異なっていることから、計測期間22年間を前半と、後半の平成14年度～24年度に分けて検証してみることとする。

まず前半についてみると、倒産件数が増加傾向を示すなか、「自己資本比率」は、平成10年度を底に以降急上昇している（図表Ⅱ－１－６）。また、「流動比率」も緩やかな上昇傾向を示しており、倒産件数と両指標には中程度の正の相関がみられる（図表Ⅱ－１－５）。また、「E

（図表Ⅱ－１－５）個人を除く中小企業の倒産件数と財務指標との相関係数

全期間（平成3～24年度）		自己資本比率	▲ 0.20
		流動比率	▲ 0.24
		固定比率	0.20
		EBITDA	▲ 0.62
		損益分岐点比率	0.50
		債務償還年数	0.35
前半（平成3～13年度）		自己資本比率	*0.49*
		流動比率	*0.46*
		固定比率	▲ 0.11
		EBITDA	▲ 0.71
		損益分岐点比率	0.16
		債務償還年数	0.05
	うち平成3～10年度	自己資本比率	▲ 0.71
		流動比率	▲ 0.13
		固定比率	0.76
		EBITDA	▲ 0.84
		損益分岐点比率	0.64
		債務償還年数	0.78
後半（平成14～24年度）		自己資本比率	▲ 0.42
		流動比率	▲ 0.34
		固定比率	0.36
		EBITDA	▲ 0.75
		損益分岐点比率	0.78
		債務償還年数	0.68

（資料）財務省「法人企業統計調査」（年次調査）、一般財団法人企業共済協会『企業倒産年報』各年版
（注１）資本金1億円未満を中小企業とした（除、金融業、保険業）
（注２）小数点第3位未満切捨
（注３）太字は理論に合致、斜体は理論とは逆の相関

ＢＩＴＤＡ」とは強い負の相関が確認される。一方、「固定比率」、「損益分岐点比率」および「債務償還年数」とは相関がみられない。以上のとおり計測結果は「ＥＢＩＴＤＡ」以外の５つの指標は理論と合致していない。特に「自己資本比率」と「流動比率」は理論と逆の結果となっている。

前半について財務分析の理論と合致しない理由を考えるにあたりそれぞれの財務指標と倒産件数の動きについてさらに詳しくみてみると、「自己資本比率」、「固定比率」、「損益分岐点比率」、「債務償還年数」については、平成10年度を境に改善傾向がみられるが、これに反して倒産は平成13年度まで増加トレンドにあり、平成11年度以降の動

（図表Ⅱ－１－６）個人を除く中小企業の倒産件数と財務指標の推移

平成	倒産件数（千件）	自己資本比率	流動比率	固定比率	EBITDA（兆円）	損益分岐点比率	債務償還年数（年）
3年度	9.7	13.6%	111.9%	296.1%	34.5	91.8%	13.1
4	11.6	13.3%	112.3%	331.7%	32.2	93.7%	14.8
5	11.6	13.0%	104.0%	341.4%	26.7	95.5%	17.2
6	11.4	12.1%	108.5%	391.5%	25.8	95.6%	18.4
7	12.1	11.9%	109.2%	382.3%	27.4	94.7%	17.7
8	12.2	12.5%	106.2%	382.0%	23.3	94.9%	18.2
9	14.2	11.9%	109.4%	396.4%	22.8	94.5%	18.3
10	13.6	9.4%	109.9%	514.9%	18.8	96.6%	21.2
11	13.2	13.4%	109.7%	383.1%	18.5	95.4%	18.2
12	15.2	19.5%	117.4%	245.2%	24.3	93.2%	13.7
13	16.4	17.2%	113.2%	286.4%	20.9	94.1%	15.0
14	15.5	21.2%	121.1%	236.3%	18.5	94.7%	16.0
15	13.0	20.3%	116.4%	250.8%	22.2	93.5%	13.1
16	11.3	21.6%	121.7%	235.4%	24.0	92.3%	13.2
17	10.8	20.8%	116.6%	242.2%	26.6	90.6%	11.9
18	11.1	26.1%	131.2%	190.5%	25.3	92.0%	11.4
19	12.2	26.8%	131.5%	175.6%	26.3	91.6%	11.2
20	13.8	26.1%	137.2%	196.7%	23.2	93.4%	12.9
21	12.5	24.6%	132.1%	201.6%	21.0	94.6%	14.6
22	11.0	26.8%	142.4%	192.9%	22.9	93.1%	13.4
23	10.6	25.7%	137.9%	206.6%	25.1	91.4%	13.0
24	10.0	29.8%	141.0%	164.2%	24.9	90.8%	11.3

（資料）図表Ⅱ‐１‐５に同じ

きに整合性がないようにみられる（図表Ⅱ－１－６）。そこで、あらためて平成３年度から10年度までの８年間を計測期間として、倒産件数とこれらの指標との相関係数を計測してみると、「自己資本比率」、「ＥＢＩＴＤＡ」とは強い負の相関が、「固定比率」、「債務償還年数」とは強い正の相関が、「損益分岐点比率」とは中程度の正の相関が確認されるなど、「流動比率」を除いて理論と整合的であることが確認できる（図表Ⅱ－１－５）。

次に後半についてみると、「自己資本比率」は中程度の負の相関、「流動比率」は弱い負の相関、「固定比率」は弱い正の相関、「ＥＢＩＴＤＡ」は強い負の相関、「損益分岐点比率」は強い正の相関、「債務償還年数」は中程度の正の相関が確認されるなど、６指標全てで理論と矛盾しない結果となっている。特に収益性２指標と「債務償還年数」については理論と整合的である。

（２）倒産件数と財務内容についての考察

倒産件数と財務内容について確認された結果を総括すると以下のとおりとなる。

○期間を通じてみると、収益性２指標（「ＥＢＩＴＤＡ」、「損益分岐点比率」）、「債務償還年数」と倒産件数については理論通りの相関が確認できる。また、弱いながらもストック関連の安全性３指標についても理論と矛盾しない相関がみられる。

○前半についてみると「ＥＢＩＴＤＡ」を除き理論と整合性のない結果となったが、平成３年度から10年度までの８年間でみると総じて理論どおりの結果となった。

○後半は概ね理論通りの相関が確認できる。

中小企業の倒産の発生については大企業以上に財務内容以外の要因の影響を受けるとみられ、財務内容と倒産件数の相関については理論に合致しない場合もあると思われるが、前半、特に平成11年度～13年度については整合性がみられない点について疑問が残る。以下ではその理由について、資金供給側である金融機関側と調達側である中小企業側に分けて考えてみたい。

まず金融機関側の事情についてみると、金融緩和が続き資金量の制約がない状況においても、自行の自己資本比率の悪化を回避し、その改善を進めていくために資産の圧縮を図る動きを強めたことから、信用力の十分でない中小企業に対する融資スタンスが急速に厳しくなったのではないか思われる。つまり、バブル期以前とは異なり、自行の資金量という「量」よりも与信先の中小企業の信用力という「質」が重視されるようになってきた、ということである。[注13] 特に大手金融機関の破綻が続くなどで金融システム不安が高まった時期においては、その見方が一段と厳しくなったのではないかと思われる。前掲の中小企業向け貸出残高の推移（**図表Ⅱ‐1‐1**）や、日本銀行の「企業短期経済観測」のＤＩの動き（**図表Ⅱ‐1‐2**）は、こうした動きを裏付けているように思われる。

一方、中小企業側の事情についてみると、中小企業の財務内容が、バブル経済崩壊直後から平成10年度頃にかけてはバランスシートの悪化が進行し、財務面の危険度が高い水準にあったために、その水準からの脱却にはしばらく時間を要する状況に陥っていたことが、資金調達を困難にした理由ではないかと思われる。

以上のような資金供給側と調達側の事情が重なったために、中小企業の財務内容が多少改善してもすぐには金融機関の融資スタンスの改善には結びつきにくい状況がしばらく続いたのではないかと思われる。特に、不良債権処理が強力に推し進められ、金融機関の不良債権が増加していった期間は、中小企業の安全性指標が改善してもなかなか金融機関の融資スタンスが緩まない状況が続き、このことが間接金融に依存する中小企業者の資金繰りを圧迫し、倒産件数の減少につながらなかったように思われる。

ただその後平成13年度をピークに金融機関の不良債権残高が減少に転じたことなどを受けて金融面の供給制約要因が解消されてきたこと、調達側の中小企業の財務内容の改善が進んできたことなどから後半については概ね財務内容と倒産件数の間に理論通りの相関がみられるようになってきている。

(3) むすび

倒産動向は、海外を含めた経済・金融の動き、不良債権残高や金融行政が金融機関の経営に与える影響、金融政策などの影響を受ける。また、主力受注先の海外移転による売上減少等さまざまな個別の要因が絡んでいる。特に、企業体力が十分とはいえない中小企業の場合は、外部環境の変化に影響を受けやすいと思われる。他方、大規模激甚災害や、円高、資源高騰等の外部環境の大きな変化に際しては、財政・金融面の支援等がなされることが多く、こうしたサポートが倒産回避にある程度寄与していると思われる。また、企業の信用力をみるにあたっては、業種やビジネスモデルによる違いもあるため、画一的な判断を行うことについては限界があるうえ、中小企業の場合は、経営者の資質や同族株主を含めた資力など、企業の財務面だけでは計ることができない定性的な要素のもつ影響力が大きい。こうしたことからも、中小企業の場合は財務内容の良否やその動きだけで倒産動向を説明することは難しく、すでにみてきたように倒産件数の動きと財務指標の動きについては必ずしも理論とは合致していない。

しかしながら、連鎖型の倒産比率は少ないことからわかるとおり[注14]、自社の経営の巧拙が企業の命運を握っていることについては議論の余地はない。そして中小企業の資金調達についてみた場合、金融機関の資金量という「量」よりも企業の信用力という「質」が融資の可否を決定する状況になってきている。それは、バブル崩壊後金融緩和の状態が続き、資金余剰の状態であったにもかかわらず、中小企業に対する与信は増加していないことなどからも明らかであろう。従って、中小企業が倒産という不測の事態回避のためにまずできることは、自社の信用力の向上、財務内容の改善に向けて地道に自らが経営努力を続けることで、それが倒産回避のための王道であり他に妙手はないと思われる。

特に不良債権処理が峠を越えた平成14年度以降については、財務指標と倒産件数の推移については、概ね理論どおりの相関関係が確認されており、財務内容を改善していくことは倒産回避に直結するものと判断される。また、「財務内容の改善」は、不測の事態に備えるためだけではなく、間接金融に依存する中小企業にとって有利な資金調達を行うためにも、重要となってきていると思われる。特に、資金供給サイドに何らかの供給制約要因が生じた場合は、短期的には財務内容の優劣という「質」が「金融機関の貸出態度」を大きく左右し、それが「資金繰り」に影響を与えるものとみられる。

　中小企業の財務内容については自己資本比率などのストック面では改善傾向にある。今後は収益面についても改善を進め、中小企業者が不測の事態を回避できる抵抗力、免疫力を強め、わが国経済の活性化と変革の担い手としてのパフォーマンスを継続的に高めていくことが期待される。

【注】

（１）「企業倒産調査年報」では、負債額1千万円未満の倒産先については、平成13年3月までは全国主要都市２１３市および東京特別区を対象としている。平成13年4月以降は全国を調査対象地域としている

（２）ここでは「資本金1億円未満および個人」を中小企業とする。

（３）金融庁「不良債権処分損等の推移（全国銀行）」（平成5年3月期以降半期ごとに集計）によればリスク管理債権残高のピークは平成14年3月末の42兆円

（４）平成14～25年度の名目経済成長率の単純平均は▲０・３％

(5) 同調査の対象先は資本金2千万円以上

(6) 同調査によれば、「資金繰り」は、回答企業の「手元流動性」、「金融機関の貸出態度」、「資金の回収・支払条件」などを総合した資金繰りについての判断

(7) ㈱ライフ９、６６０億円、㈱そごう６、８９１億円、㈱日貿信２、８９９億円、㈱第一ホテル１、１５２億円など

(8) 全倒産件数と金融機関の総貸出の伸び率の相関係数は▲０・45

(9) 注６参照

(10) 相関係数０・83

(11) 利払い、税金、償却前の利益。過剰債務企業であるかどうかなどについてもこの指標が目安に使われることがある。なお、本稿では、営業利益＋減価償却費で算出

(12) 財務指標の定義と算式については付表参照

(13) 以上金融機関側の事情については赤松（２０１２）「中小企業の財務構造の変遷」当研究所『商工金融』２０１２年７月号参照

(14) 「他社倒産の余波」を原因とする倒産件数については、ピークの平成９年度で全体の10％、直近の平成25年度は６％と高いとはいえない

（付表）

①【相関係数の値と目安】

相関係数は、２つの変数の線形関係を計測する指標であり、目安については、係数が１に近いときは正の相関が強く、▲１に近ければ負の相関が強く、０に近いときは相関が弱い。また、正の相関とは、数値が大きければ倒産件数が多くなり、小さければ件数が少なくなることを、負の相関とはその逆を意味している。

相関係数の値	相関の目安
▲0.2≦相関係数＜0、　　0＜相関係数≦0.2	ほとんど相関がない
▲0.4≦相関係数＜▲0.2、　0.2＜相関係数≦0.4	弱い相関がある
▲0.7≦相関係数＜▲0.4、　0.4＜相関係数≦0.7	中程度の相関がある
▲1.0≦相関係数＜▲0.7、　0.7＜相関係数≦1.0	強い相関がある

②【財務指標等の定義、算式】

1	自己資本比率＝純資産÷総資産（受取手形割引残高を除く）
2	流動比率＝流動資産÷流動負債
3	固定比率＝固定資産÷純資産
4	EBITDA＝営業利益＋減価償却費計
5	損益分岐点比率＝損益分岐点売上高÷売上高 損益分岐点＝固定費÷（１－変動費÷売上高） 固定費＝人件費＋減価償却費＋動産・不動産賃借料＋租税公課 ＋（営業外費用－営業外収益） 変動費＝売上高－固定費－経常利益 人件費＝従業員給与＋従業員賞与＋役員給与＋役員賞与＋福利厚生費
6	債務償還年数＝（短期借入金＋長期借入金＋社債）÷（経常利益÷2＋減価償却費計）

第2章 中小企業の財務体質の変化

1 財務体質は強化されたか

バブル崩壊以降、わが国の金融はほぼ一貫して緩和状態にあったが、金融緩和下にあっても中小企業の金融環境は厳しい状況であった。第1章では資金繰りや中小企業向け貸出と倒産動向についてみてきたが、以下では、中小企業の特に特徴的な財務指標について、その推移や背景などを若干掘り下げてみたい。まず、自己資本比率について述べ、その後、他の指標についても触れることとする。

(1) 中小企業の自己資本比率

①中小企業の自己資本比率の上昇

自己資本比率は、企業の総資本の構成がどの程度安定的かを見る指標である。具体的には総資本に占める自己資本の割合で、固定比率と同様、長期的な支払い能力を見るものである。なお、今回の分析においては法人企業統計の中の純資産額を用いた。

中小企業の財務体質が大企業と比較すると脆弱であること、その改善が課題であることは過去から繰り返し言われてきていることである。ただ、２０００年代に入り、財務の安全性を示すとされる自己資本比率が上昇傾向を辿るようになってきており、他の指標と比べその改善度合いが目立っている。

まず、バブル崩壊後の自己資本比率の動きを追ってみよう。法人企業統計年報により自己資本比率の推移を見ると、バブル崩壊後、景気が低迷を続ける中で、中小企業の自己資本比率は１９９１年度の13・１％から１９９５年度には11・５％へ低下した後、ようやく１９９６年度になって12・２％に回復した。これに対して、大企業の自己資本比率はこの期間を通して一貫して上昇した。中小企業をさらに資本金１千万円～１億円と１千万円未満に分けてみると、前者は１９９１年度末の14・０％から、１９９２年度以降はやや低下したものの１９９６年度まで概ね12％台後半を維持した。これに対して、後者は１９９３年度までは10％を超えていたが、１９９４年度以降は低下して10％を割り込んだ。このように、１９９０年代においては、中小企業の自己資本比率が全体的にやや低下傾向にあった、特に資本金１千万円未満の零細企業の自己資本比率は低い状態が続いた。この時期は中小企業と大企業との格差が目立ったといえる。

次に、年代別に少し詳しくみていくこととする。各年代における中小企業の自己資本比率をみると、まず１９８０年代は概ね横ばいで推移した（**図表Ⅱ－２－１－１**）。１９９０年代に入ると、前半は同様にほぼ横ばいであったが、後半には低下気味となり、１９９８年度には10%前後にまで低下した。２０００年代に入ると一転して上昇傾向を辿ってきている。２００２年度には２０%台に乗り、２００６年度には25%を超えた。リーマンショック後の世界同時不況下ではやや低下したものの、その後再び上昇し30%前後の水準に達した。こうした自己資本比率の上昇は、１９９０年代と２０００年代を比較した場合の、中小企業の財務構造の改善の顕著なポイントの一つである。万一、２０００年代に入ってからの自己資本の強化がなされないまま世界同時不況に見舞われていたならば、中小企業は甚大な被害を蒙り、貸し渋りが再び厳しくなるなどしてより多くの倒産を引き起こしていた可能性もあったであろう。

これに対して大企業の自己資本比率は、１９８０年

（図表Ⅱ－２－１－１）自己資本比率

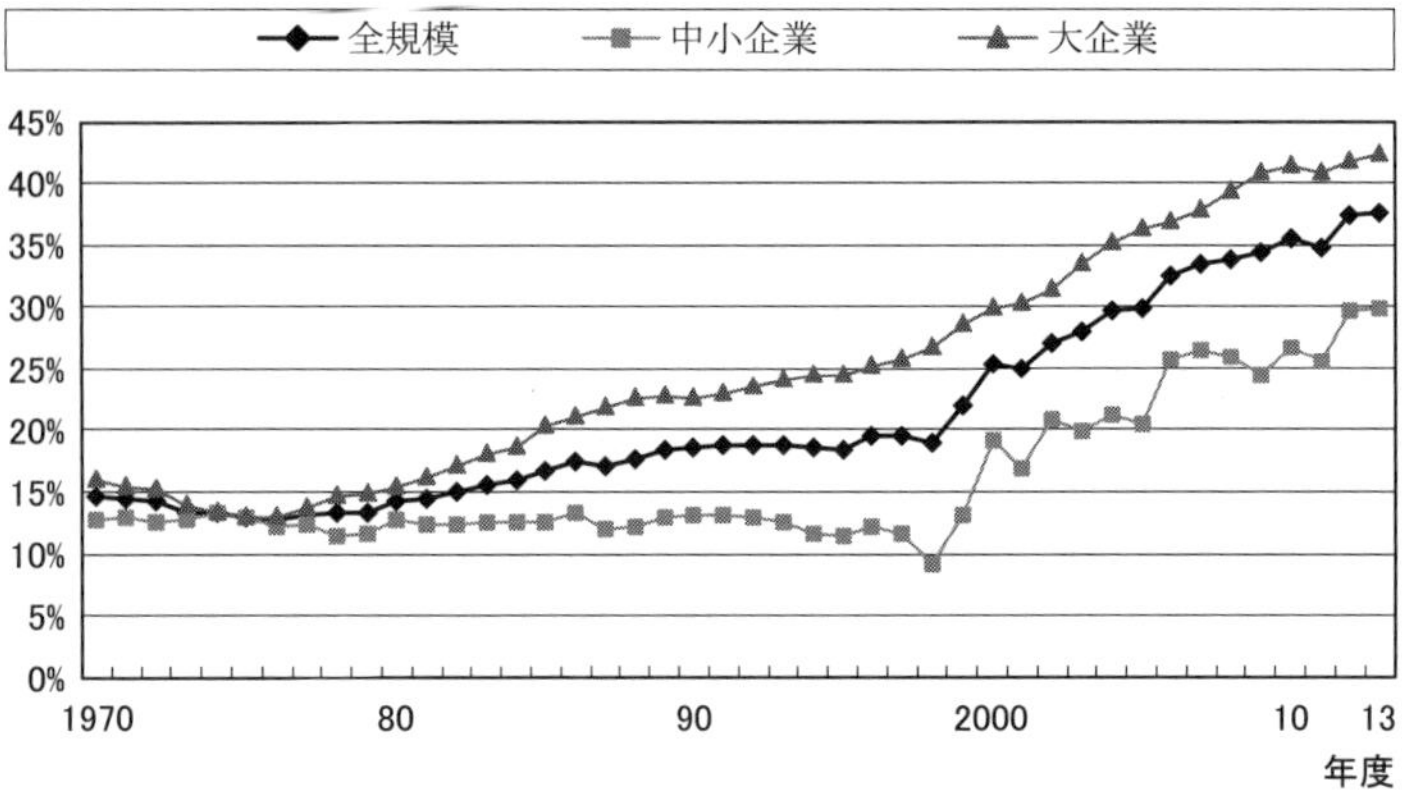

代から一貫して上昇の一途をたどってきた。１９９０年代にはその上昇の勢いがやや鈍化気味であったものの、２０００年代に入ると、勢いは加速している。平均でみると、中小企業の自己資本比率は１９８０年代12・６％、１９９０年代12・１％と低迷した後、２０００年代には22・１％となり、10％ポイントも上昇した。一方、大企業は１９８０年代19・３％、１９９０年代24・８％、２０００年代35・１％と順調に上昇してきている。このため、中小企業と大企業との差は、１９８０年代６・７％ポイントから、１９９０年代には12・７％ポイントに拡大し、２０００年代でも13・０％ポイントとなっている。なお、大企業は第一次石油危機までは自己資本比率が趨勢的に低下してきており、石油危機を契機に自己資本比率の増強に向かった様子が窺われ、その後は一貫して自己資本比率が上昇してきている。この間、横ばいで推移した中小企業とは好対照であった。このため１９８０年代、１９９０年代と中小企業と大企業との格差は拡大してきた。しかしながら２０００年代には、中小企業の自己資本比率も上昇に向かったことから、その格差は縮小しないまでも拡大傾向には歯止めがかかりつつある。

　ここで、より細かい資本金区分で自己資本比率の動きをみてみると、資本金１千万円未満の層の低迷が顕著である。この層の動きをみると、１９８０年代から１９９０年代にかけて一時上昇する時期もあったものの趨勢としては低下傾向を辿った。それまで自己資本比率は10％台半ばで推移していたが徐々に低下し、２０００年代に入っても10％前後の水準で概ね横ばいで推移している。これに対し資本金１千万円～１億円未満の層は、１９８０年代、１９９０年代とほぼ横ばいで推移していたが、１９９８年度頃を境に上昇に転じ、以降は順調に成長軌道を辿っている。また、上位の資本金１億円〜10億円未満の層も１９９０年代末から上昇傾向に転じているが、１千万円〜１億円未満の層は、この層と比べても、やや劣るもののほぼ似た動きとなっている。これらの上位層の動きと比較すると、１千万円未満の層の低迷状況が顕著である。１千万円未満の層は、その企業の成長につれて増資等により上位層に遷移する企業が現われるという要因が考えられる(注1)ものの、この層全体の平均値が２０００年代に低下していることから、１億円以上の上位層への遷移だけではなく、資本金１千万円を境にして零細企業とそれ以外の中小企業との間で二極化が進行している可能性は否定できないのではないか。

　ところで、２０００年代、中小企業の自己資本比率が上昇した時期における、自己資本を構成する資本金や剰余金の動きをみてみると、最も大きく増加しているのは利益剰余金（利益準備金、積立金など）である。自己資本比率は１９９０年代から２０００年代に平均で10・０％ポイント上昇したが、利益剰余金の比率は同じく８・５％から14・６％へと６・１％ポイント上昇した。資本金・資本剰余金の比率は３・５％から７・３％へと上昇している。これらから、２０００年代の中小企業は、財務面における安全性を重視し、利益を蓄積し内部留保の充実を図ってきたことが窺われる。と同時に、増資などの調達手法についても中小企業に徐々に浸透してきているのではないかと思われる。

　上記のように、２０００年代に入ると、中小企業の自己資本比率の上昇傾向がみられるようになってきており、中小企業の財務体質の改善が進展してきているのではないかと思われる。バブル崩壊後１９９０年代末頃までは横ばいか低下傾向にあった中小企業の自己資本比率が、この時期を境に上昇に転じ、以降その傾向が続いているのである。この間、大企業の自己資本比率も上昇してきたが、その上昇幅は中小企業とほぼ同幅の上昇であり、自己資本比率の上昇幅だけをみれば、中小企業と大企業との格差の拡大が止まりつつあるともいえる。

　これを業種別にみてみると、中小製造業では過去からほぼ一貫して自己資本比率が上昇傾向にあり、それが２０００年代に加速したのに対し、中小非製造業では１９９０年代まではどちらかというと低下気味であった自己資本比率が、２０００年代には上昇に転じた、という傾向がみてとれる。いずれも２０００年代に上昇が目立つという点では一致しており、２０００年代の中小企業における自己資本比率の上昇は、特定の業種ではなく製造業・非製造業ともに起きていることがわかる。

　自己資本比率のボトムの時期を探ってみると、１９９０年代で自己資本比率が最も低かった年度は全体では１９９５年度の18・５％である、その後１９９８年度においても19・０％とあまり上昇していない。また中小企業では１９９８年度の９・２％が最低である。こうしてみると１９９０年代後半、１９９８年頃がひとつの節目となっているようにみられる。なお、資本金１千万円未満の零細企業については、この間の自己資本比率は10％をはさんで推移し、上昇の兆しはみられなかった。

②自己資本比率上昇の要因

中小企業は２０００年代、自己資本比率が上昇してきた。これが短期間でなく10年単位でもほぼ上昇傾向がみられることを勘案すれば、趨勢的なものであり、中小企業の自己資本比率は底上げされてきていると考えるのが妥当であろう。では、その上昇要因として何が考えられるであろうか。

　中小企業の側から考えた場合、バブル崩壊後の、失われた10年（20年）といわれた時期は、いわゆる「３つの過剰」（設備、雇用、借入）が企業経営にとって重石となっていた時期に重なる。バブル崩壊後、期待成長率が低下するという状況下において、それまでの売上優先の経営から生き残るための財務体質の強化が優先的な経営課題になった。特に、借入依存度が高い中小企業にとって過剰借入の是正は大きな経営課題であり、急いで改善、解消する必要があった。中小企業がこれら「３つの過剰」を解消すべく努力してきた成果が自己資本比率の着実な上昇となって実りつつある、ということがひとつの要因として考えられる。

　あるいは、長引く不況の間に財務内容の不芳な中小・零細企業が淘汰され、結果として財務内容が良好な中小企業が生き残り平均値としての自己資本比率が上昇したということも考えられる。わが国では、１９９０年頃を境に開業率が廃業率を下回る逆転現象が起き２０００年代に入ってもその傾向が続いており、企業数全体が減少するという事態に至っている。中小企業白書によれば、企業ベースでの開業率は１９７５〜１９７８年の５・９％をピークとして低下傾向となり、１９９１〜１９９６年には２・７％まで低下した。その後やや持ち直したものの２００４〜２００６年でも５・１％と以前のピークには届いていない。なお、２００６年から定義が変更され単純には比較できないが、２００６〜２００９年は２・０％、２００９〜２０１２年は１・４％と極めて低水準である。これに対し廃業率は１９７５〜１９７８年には３・５％と開業率を下回っていた。その後、１９８６〜１９９１年には４・０％となり開業率（３・５％）を上回り、２００４〜２００６年以降は６％台が続いている。この結果、廃業率が開業率を上回る逆転現象が１９８０年代後半から続き、わが国は企業数の減少という深刻な事態を招いている。この間に廃業していった企業に自己資本の脆弱な企業が多く含まれていた可能性はあろう。この場合、相対的に強い中小企業が生き残ってきた、その結果として中小企業の自己資本比率が上昇してきたということになる。

　また一方で、過去に実施されてきた会計制度等の変更が、企業の自己資本比率の上昇を促した側面もあるかもしれない。現在では廃止されているが１９９０年の商法（当時）改正で「最低資本金制度」がスタートし、株式会社は資本金を１千万円以上とすることとされた。この制度により資本金が１千万円に満たない企業が一斉に増資に向かったことが、中小企業全体の自己資本比率を押し上げる効果をもったことも考えられる。当時、資本金が１千万円に満たない株式会社は１９９６年までに増資することが求められ、増資しなかった株式会社はみなし解散となった。また、その後も１９９９年までは１千万円に増資して復活することができた。ただ、この最低資本金制度の適用による増資はあくまでも一過性のものであり、また時期的にも影響があると考えられるのは１９９９年までである。これは、中小企業の自己資本比率が１９９８年頃までは低迷が続き、これ以降上昇傾向となったことを勘案すると、時期的にややずれている。中小企業においては２０００年代に一貫して自己資本比率が上昇傾向を辿っていることから、最低資本金制度は中小企業が自己資本を増強するきっかけ（あるいは経営者が自社の自己資本を意識するきっかけ）とはなったとしても、主因とは考えにくい。なお、２００６年から施行された新会社法により、最低資本金制度は廃止されている。

③金融機関側の事情

次に、金融機関の側から考えた場合にはどうであろうか。バブル崩壊後の金融機関を取り巻く状況をみていくと、まずバブル崩壊の後遺症から住専問題が起きた。次いで、大手の金融機関が倒産して金融システム不安が起き、自己査定と早期是正措置の導入、貸し渋りや貸し剥がし、不良債権の早期処理とリレーションシップバンキングと、金融機関を取り巻く状況は大きく変化してきた。中小企業の自己資本比率が上昇に転じた時期、１９９８年前後といえば、金融システム不安が起き、金融機関に早期是正措置が導入され自己査定が義務付けられた時期と一致する。早期是正措置の導入により、金融機関は、償却・引当を適正に行って決算に正確に反映させるために自己査定を実施することとなった。貸出金の償却や貸倒引当金の計上は債務者区分に応じて行うが、そのためには金融機関自ら融資対象企業の信用格付けをすることが必要となった。一方で、特に中小企業向け貸出について、いわゆる「貸し渋り」が問題となり、政府が矢継ぎ早に対策を打ち出した時期でもあった。

債務者区分の前提となる企業の信用格付けは、一般的に定量分析と定性分析により判定する。定量分析は財務内容の評価であり、安全性、収益性、成長性などを判定するが、安全性の指標として自己資本比率がある。自己資本比率は中小企業を信用判定する際の重要なポイントである。中小企業がこの時期、顧問税理士や経営コンサルタント、あるいは取引金融機関の担当者と、経営や借入、設備投資などの相談をする際に、企業の安全性の重要な指標である自己資本比率が金融機関の融資判断に影響する、といったことが話題となる機会が増えたことは想像に難くない。中小企業の経営者は、顧問税理士や金融機関と相談するなかで、自己資本の重要性、経営の安定の重要性を実感し、経営上、財務体質の強化が今の世の中では企業経営の重要なメルクマールであることをしっかりと認識したのではないだろうか。それが経営者をして自己資本の増強に向かわせたことが考えられる。

④中小企業の自己資本増強努力

いろいろな要因を挙げてきたが、確かに金融機関による信用格付けの実施は、金融機関から中小企業への日頃の助言、支援などを通じて中小企業に財務体質の強化を促すきっかけとなったであろう。しかし基本的には、右肩上がりの高度成長期から安定成長期へ、さらにバブルが崩壊し、低成長からゼロ成長経済への移行と、わが国の経済成長率が徐々に下方屈折してきたなかで、中小企業経営者が経営の重点を売上から財務体質へと徐々に転換させてきたことが最も大きな要因としてあるのではないだろうか。その意味では、外部環境の変化に対して中小企業は変化を敏感に感じとり経営の舵取りをしてきたといえ、この自己資本比率の上昇は「本物」であるといえるかもしれない。リーマンショックや世界同時不況の際、中小企業の自己資本比率はさすがに若干低下したものの、低下してもなおその水準は１９９０年代を大きく上回っている。この間、２０００年代には中小企業の収益性は依然低水準とはいえ１９９０年代よりは回復し、これが内部留保の原資となった。また、設備投資をキャッシュフローの範囲内に抑制したこと等により総資本は２０００年代、ほぼ横ばいで推移し、自己資本の分母の増加が抑えられた。増資に踏み切った中小企業もあったであろう。こうして２０００年代に中小企業が自己資本を充実させてきたことにより、危機を乗り越える経営の基礎体力がついてきたといえよう。中小企業の自己資本比率の上昇については、大企業との自己資本比率の格差は依然大きく、また後ろ向きにとらえれば「守りの姿勢」になってじっとしてきた結果といえなくもないが、中小企業が更なる発展のための経営体質の強化を地道に進めてきた成果であると前向きに評価することもできるのではないか。さらに、リーマンショックや世界同時不況による傷が癒えないうちに起きた２０１１年３月の東日本大震災では、中小企業は直接被災し、あるいはサプライチェーン崩壊の危機に遭遇するなど新たな試練に見舞われたが、それにもかかわらず自己資本比率は高まってきており、足腰の強い中小企業になりつつあることを示唆している。

⑤自己資本と倒産確率

ここで、自己資本比率と倒産の関連性についてみてみたい。中小企業が対象ではないが、日銀のワーキングペーパー「２つの金融危機とわが国の企業破綻」（２０１０年12月）では、上場企業の破綻について分析し、以下のことを指摘している。まず、上場企業の内部留保の厚みが、リーマンショックから始まった世界金融危機・世界同時不況期においては、倒産を回避するのに有意であった。すなわち、上場企業について企業の倒産確率と内部留保の関係を推計した場合、金融機関の不良債権比率がピークを迎えた２０００～２００４年度と、最近の世界同時不況期の２００８～２００９年度の２つの期間で有意な結果が得られた。そしてこの結果は、金融危機下では内部留保が多いかどうかで企業の倒産確率が有意に違ってくることを示唆する結果である。

これらは上場企業の分析であるが、翻って中小企業においても２０００年代、自己資本比率が上昇してきていることを勘案すると、内部留保の厚みを増すことは中小企業自身の体力強化になるとともに、金融機関の評価、格付けにもプラスとなり、金融機関等による再生支援、経営支援を得ることができ、中小企業側・金融機関側の両面から倒産の回避につながっていると考えることができるのではないか。ちなみに中小企業の倒産は、２００８年度には１万６千件を超えたものの、前回のピーク（２００１年度、約２万件）に比較すればかなり少なく、また２００９年度以降は減少に転じており、２０１３年度には１万１千件弱まで減少、バブル崩壊以降最少となった。

前の世界同時不況下では、緊急保証制度や中小企業金融円滑化法による返済猶予の制度が倒産回避に寄与している側面も大きいといわれており、必ずしも自己資本比率の上昇だけによって回避されたものではないとは思うが、中小企業の自己資本比率がこのように上昇していなければ倒産はもっと増えたかもしれず、過去に蓄積した内部留保がバッファとなって破綻を免れた中小企業が多かったということもできるのではないか。

（２）中小企業の借入依存度の低下と金利負担

自己資本比率の次に借入依存度についてみてみよう。中小企業の資金調達構造では借入依存度が高いのが特徴とされている。借入金の比率をみると、２０００年代は低下傾向を辿っており中小企業の借入依存度は徐々に改善しつつある。

また、借入金の金利負担という面から見ると、２０００年代において中小企業の金利負担度合いは低下してきている。これには借入依存度の低下が寄与していることもあるが、むしろ超低金利が持続しているわが国の金融環境によるところが大きい。中小企業の借入金の利子率は、１９

９０年代の４・３％から２０００年代には２・１％へと低下した（**図表Ⅱ‐２‐１‐２**）。率にすれば約50％の低下である。この間の実際の支払利子額が約60％の減少だったことと比較すると、中小企業の金利負担度合いの低下については、この間の利子率の低下が大きく寄与していることがわかる。もちろん、中小企業がいわゆる「３つの過剰」を解消する努力により借入依存度が低下したことも寄与しているが、超低金利の恩恵は非常に大きかったといえる。金利負担の低下は歓迎されるが、その内容は問題なしといえないのではないか。

　ここで、売上高対比での金利負担度の変化をみてみると、支払利息対売上高比率は、１９８０年代の２・０％に対し１９９０年代には１・８％と余り低下しなかったが、２０００年代には０・８％と大きく低下した。中小企業の収益性を見ると、売上高経常利益率は１９８０年代から１９９０年代には悪化したが２００

（図表Ⅱ－２－１－２）借入金利子率

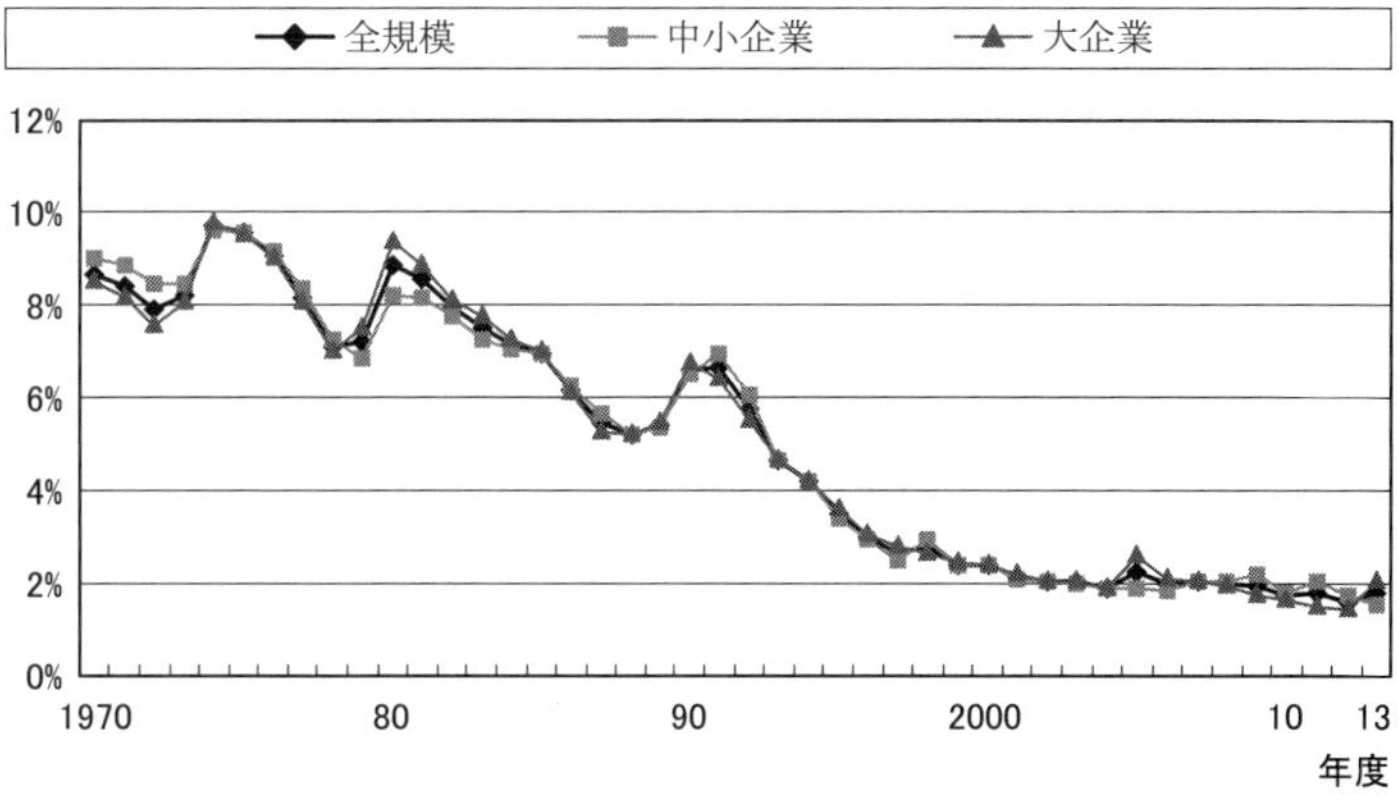

0年代には1980年代の水準まで回復している。この間の金利負担が売上高対比で1・0%ポイントも低下していることが、利益率に大きく寄与していたことになる。中小企業の収益性は表向き回復してきているが、その実力には依然として課題があるといえよう。金利が上昇すると、その脆弱性が顕在化する懸念がある。

(3) 企業間信用の縮小

バブル崩壊後、中小企業に限らず特徴的な動きを示してきた財務指標として、売上高対比でみると売掛債権、支払債務の比率(回転期間)がともに低下(短縮)してきたことがある。これは企業間信用が縮小していることを示している。中小企業の売掛債権を構成する受取手形と売掛金がどのように推移してきたかをみると、受取手形が一貫して減少してきており、これが比率の低下をもたらした原因である(**図表Ⅱ-2-1-3**)。支払債務を構成する支払手形、買掛金についても同様に支払手形が減っている。また売掛金や買掛金は手形の低下分をカバーするほどには上昇してこなかったため、結果的に売掛債権、支払債務ともに低下してきた。なお、近年では低下から横ばいに移ってきている。

売上高対比の売掛金の比率の上昇は、売掛金の期間が長期化していることを示すものである。従来手形で受け取っていた部分は、手形を廃止すればその分売掛金として残ったままとなると思われるが、その際に例えば従来の手形の支払期日まで売掛金の一部の支払いが延長されるなど、資金決済が先延ばしされている可能性もないわけではない。結果としては、受け取る側の中小企業は、売掛債権回転期間自体は改善しているものの、今度は手形という担保のない受取債権が増え、手形割引という資金調達手段が制限されてきている状況ともいえる。手形は印紙税負担の問題から発行が抑制されてきたという背景があるが、売掛債権担保貸出などの資金調達手段の一層の普及や、電子記録債権等、売掛金を活用する新たな仕組みの構築や普及が求められているといえよう。

（4）中小企業の労働生産性と資本装備率

最後に、特徴的な財務指標として労働生産性をみてみよう。労働生産性は中小企業と大企業との格差が大きい指標の一つである。2000年代に入ってから、中小企業は悪化、大企業は改善と、逆の方向に動き、生産性格差が拡大している（図

（図表Ⅱ－2－1－3）中小企業の受取債権の推移

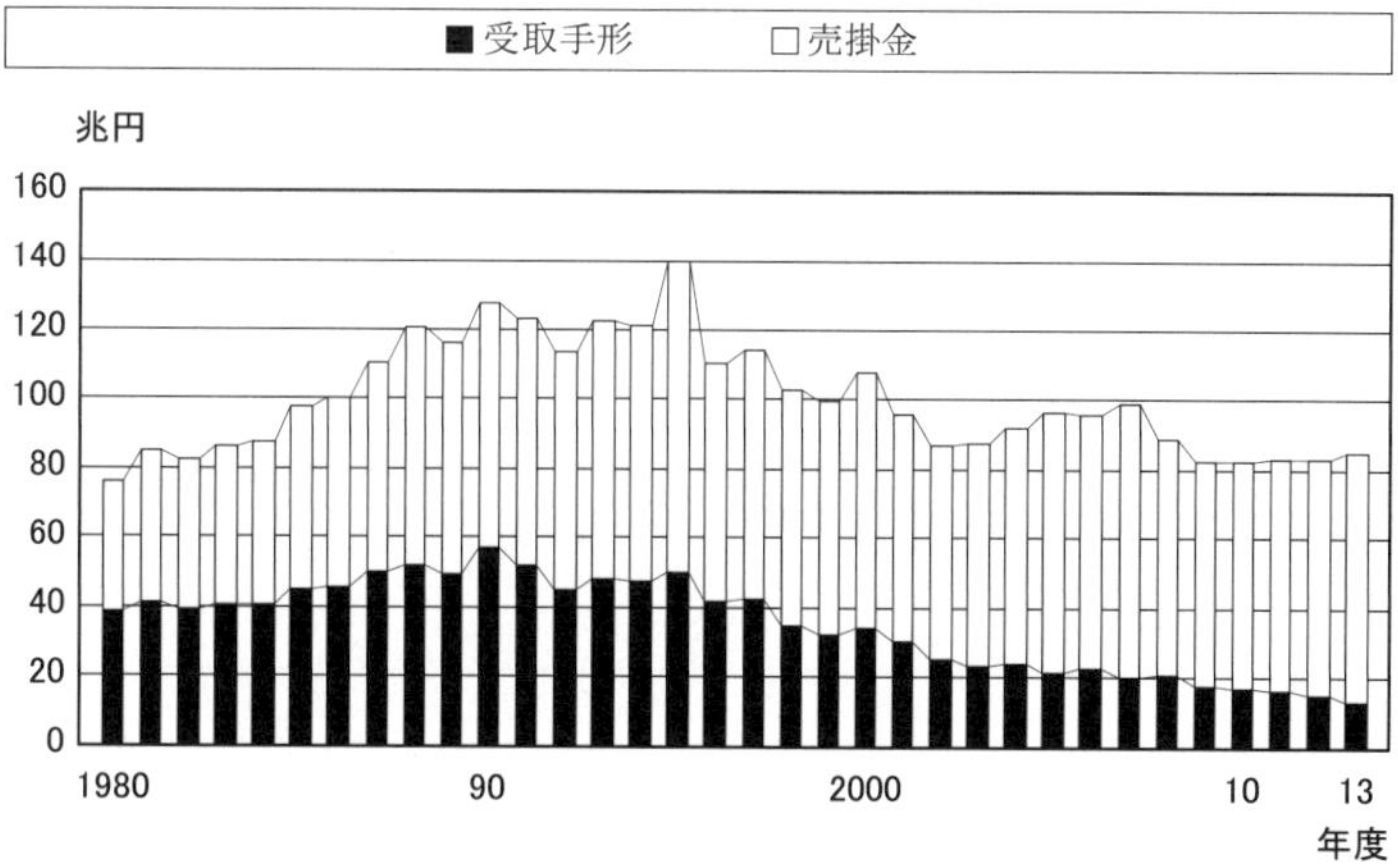

（注）受取手形には割引手形を含む

表Ⅱ－２－１－４）。２０００年代、他の指標はほぼ、中小企業、大企業ともに概ね改善の方向に向かっているのに対し、生産性だけは逆という結果になっている。

　労働生産性は、資本装備率と設備投資効率に分解される。それぞれについて、１９９０年代と２０００年代を追ってみると、設備投資効率は中小企業、大企業ともに２０００年代にはやや悪化しており、２０００年代における労働生産性の規模間格差の拡大は、主に資本装備率の格差の拡大によるものであると推測される。１９９０年代には、中小企業、大企業ともに資本装備率が１９８０年代よりも改善していたが、２０００年代には大企業が改善を続けたのに対して、中小企業は逆にやや悪化しており、この動きが労働生産性に影響している。大企業は、２０００年代の「３つの過剰」問題を解消する

(図表Ⅱ－２－１－４)労働生産性

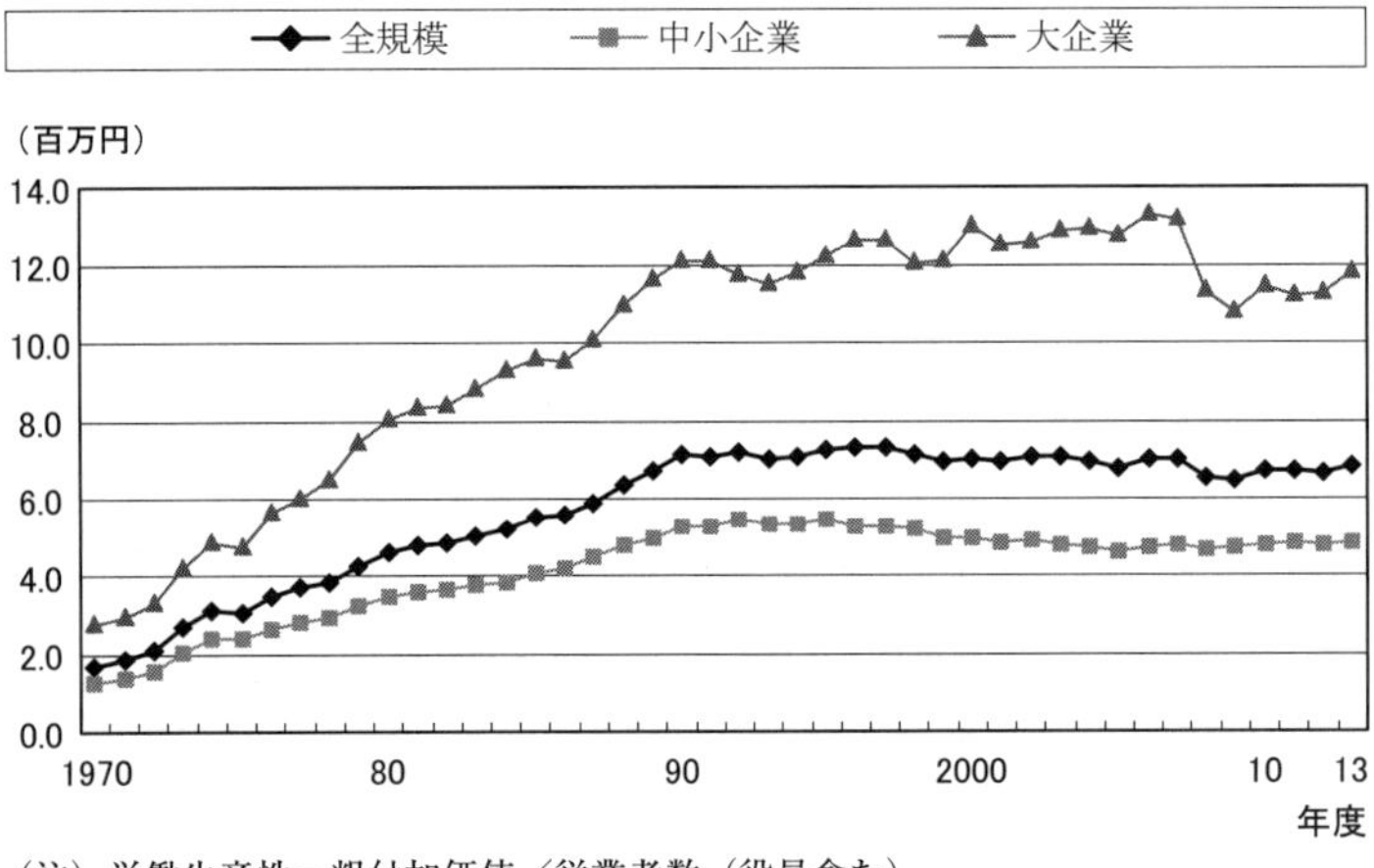

(注) 労働生産性＝粗付加価値／従業者数（役員含む）

過程で過剰設備を整理する際にも資本装備率の改善が図られたが、一方で中小企業は同じ過程において資本装備率が悪化してしまっている。今後、中小企業が労働生産性を高めていくには、設備投資効率を改善し投資に見合った収益を確保していくことも重要だが、将来に向けて必要な投資に踏み切り資本装備率を引上げていくことが、大企業との格差縮小にもつながり、より重要になっていくものと思われる。

(5) バランスシート調整と3つの過剰問題

①バブル崩壊後に登場した経営課題

ここまでみてきたように、中小企業の財務指標は、１９９０年代と２０００年代で明らかに方向が変わった。この間、何か起きたのか。一つ大きな出来事として、企業にとりバブル崩壊後に大きな経営課題となった「バランスシート調整」と「３つの過剰」の解消への取組みがあると考えられる。わが国の企業は中小企業も含めて１９９０年代はバランスシート調整に終始し、とにかくバブル崩壊により生じた資産・負債のアンバランスを是正することに取り組まなければならなかった。しかし２０００年代に入ると、「３つの過剰」に取り組み経営体質を強化する方向に向かうことができるようになっていったといえるのではないか。以下では、この間の動きを詳しくみていくことにする。

②バランスシート調整

わが国ではバブル崩壊後、企業の「バランスシート調整」が景気の足を引っ張る大きな問題となった。この問題がクローズアップされたのは１９９４年版の経済白書で、続いて１９９５年版でも触れられている。ここではバブル崩壊後の地価、株価下落のインパクトが大きく、通常の景気循環では説明できない景気回復の遅れが指摘された。バブル崩壊で痛んだ企業のバランスシートが景気回復の足を引っ張っており、このため設備投資が減少し続ける、というメカニズムであった。バブル崩壊後の最初の景気回復過程が、それまでと比べ足取りが重かったことから、その要因を分析した結果、「バランスシート調整」が問題であると指摘されるようになったのである。

１９９４年版の経済白書では、以下のように述べている。１９８０年代のバブルの時期に、企業は資産・負債を両建てで増加させた。この時資産価格が低下すると、資産は瞬時に減少するが、負債はそのまま残るため、必然的に企業のバランスシートは悪化し、金融機関にとっての不良債権が増加することになる。こうして悪化したバランスシートを調整する過程では、経済全体のリスク許容力が低下した。

言い換えれば次のようなメカニズムであろう。まず、バブル経済時に企業の資産・負債が過大に積み上がったが、バブル崩壊により一気に資産だけが大きく目減りした。このため、過大な負債だけが残った。この過大な負債を調整していく過程が、企業にとっての「バランスシート調整」であり、この調整を終わらせるまでの間は、企業が投資を抑制するため、経済全体にマイナスの影響を及ぼす。これが、バブル崩壊後のバランスシート調整問題であり、「バランスシート調整」が世に言われ始めた頃は、バブルの後遺症（不良資産の整理）という位置づけであった。それまで右肩上がりの地価に乗じ、借入によって不動産を取得し転売して利益を挙げていった手法が、地価下落により破綻したということである。これは、右肩上がりの住宅価格に依存した米国の住宅バブルが、サブプライムローン問題に端を発して破綻したのとほとんど同じ構造であり、欧米（金融機関）はわが国のバブル崩壊に何も学んでいなかったことになるのではないか。

　また１９９５年版の経済白書では、設備投資の自律回復を展望するところで、「過去の自律回復局面と違って、バブルの後遺症（バランスシート調整の遅れ、建設ストック調整の遅れ）が引き続き抑制的に働くことが予想される。」とし、「投資が投資を呼ぶメカニズムの強まりによって設備投資の増加テンポには加速が見られるものの、その程度が従来よりも緩慢なものに止まる可能性がある。」と指摘している。裏返せば、この時期には、いずれ企業の「バランスシート調整」が終了すれば、設備投資は以前のように活発化し、わが国経済は再び成長軌道に戻れるのではないかという漠然とした期待があったようにも思われる。しかし、その後も地価は下落し続け、バランスシート調整圧力は残ったままであった。１９９８年版の経済白書でも、「バランスシート調整」は依然として完了していないのではないか、と指摘している。ここでは、バランスシート上での企業の負債はほぼ適正水準に落ち着いてきたものの、いまだに企業の収益率は低迷したままであり、これはバブル崩壊で発生した不良資産が不稼動資産として残存しているためである、と分析している。

③3つの過剰問題

そして、堺屋太一氏が経済企画庁長官（当時）であったときの1999年版経済白書に、「3つの過剰」が登場する。戦後のわが国経済には「3つの神話」があった。土地の値段は右肩上りで下がらないという「土地神話」、不況となっても消費需要は減少しないという「消費神話」、そして企業は終身雇用を守るという「完全雇用神話」である。しかし、バブル崩壊でこの神話が消滅し、わが国全体の期待成長率が低下するという環境変化下にあって、今度は不良資産ではない設備についても需要に対して過剰になってきたと指摘され、過剰設備が過剰借入、過剰雇用とともに3つの大きな問題としてクローズアップされたのである。バブル崩壊後に生じた企業の資産・負債のアンバランスを調整するのが「バランスシート調整」であるとされていたのが、次第に、わが国経済の成長に見合った供給力に調整するという意味合いに変化してきたように思われる。いわば、企業の課題が、不良資産の整理から過剰資産の整理に変化したということである。「バランスシート調整」自体が一つの要因となってわが国の需要全体が縮小均衡へ向かい、やがて経済成長が低成長からゼロ成長、マイナス成長へと移り、ますます設備が過剰となり、「3つの過剰」の問題が大きくクローズアップされる状況に至った、ということではないか。

「3つの過剰」が指摘された1999年、わが国は景気循環からすれば回復期に入っていた。

この回復局面はＩＴ景気といわれ、米国発のＩＴバブルがもたらしたものであった。しかしＩＴが牽引したこの景気回復局面は、前回の景気回復局面と似て回復テンポが緩やかであった上、持続性にも欠け、短命に終わった。これは、景気回復のエンジンが輸出とＩＴ分野を中心とする設備投資であり、これらは外需に依存しＩＴに偏っていたことに加え、上記「３つの過剰」がわが国経済の重しとなり、景気回復の足を引っ張っていたことによるものであるとされた。米国のＩＴバブルが、米国の利上げを契機とする株価急落であっけなく崩壊すると、わが国は外需、とりわけＩＴ需要の急減から、景気回復の原動力であった輸出が失速した。企業も「３つの過剰」の解消に追われていたために、設備投資に本格的に火がつくことはなく、外需の減少とともに設備投資も減退した。わが国はＩＴ不況に陥った。

ただ、ＩＴ景気と同様、ＩＴ不況も比較的短期間で調整が終了し、世界景気が回復に向かうにつれ、わが国も徐々に景気回復軌道を辿るようになる。中小企業も含めわが国企業は、２００２年１月を景気の谷とする長期にわたる景気回復期の中で「３つの過剰」という経営課題に取り組んだ。

このように、バブル崩壊後、まず１９９０年代には「バランスシート調整」が企業の大きな課題となり、そして１９９０年代末には「３つの過剰」が指摘され、２０００年代に入ると「３つの過剰」の解消が企業にとっての大きな経営課題となった。ただ、考えてみれば「３つの過剰」とは設備と借入というバランスシート上の問題に雇用が加わったものであり、これらもまた「バランスシート調整」の一種と考えることもできる。不良資産から過剰資産へと対象が移ったものの、企業の「バランスシート調整」は「３つの過剰」に変形しつつ続いていたと思われる。いずれにしても、企業はこの間、いってみれば後ろ向きの対策に追われ続けた。

この「３つの過剰」は、経済財政白書では２００５年版で、また中小企業白書では２００６年版で、ほぼ解消したとされた。２００５年版経済財政白書では、日銀短観の雇用判断ＤＩ、設備判断ＤＩや有利子負債キャッシュフローなどをもとに「３つの過剰」はほぼ解消したと考えられると指摘しており、２００６年版の中小企業白書では、中小企業においても「３つの過剰」が概ね解消し、企業にとって収益が上がりやすい環境が整い始めているとしている。この間、中小企業は経営体力を強化し、その後に起きたリーマンショックと世界同時不況を乗り越えることができた。「３つの過剰」を解消し中小企業の経営体力がついてきていたことが、こうした困難を乗り越える原動力となったものと考えることもできるのではないか。

(6) 設備投資とキャッシュフロー

中小企業は２０００年代後半、「３つの過剰」を克服した。一方、中小企業の財務指標を分析すると、中小企業においては、安全性は改善してきたものの生産性や収益性はいまだに大企業との格差が大きく、あまり改善していないことが指摘できる。そこで、「３つの過剰」の解消に向けて中小企業が努力してきた時期、２０００年代における設備投資とキャッシュフローの動きについてみてみたい。

まず中小企業のキャッシュフローは、２０００年代に回復傾向となった。このキャッシュフローは、借入負担能力を示す指標であるとともに、設備投資の判断指標ともなる。企業の投資行動をみると、設備投資はキャッシュフローの動きにほぼ連動する。

設備投資とキャッシュフローの推移をみると、１９８０年代の設備投資は、キャッシュフローとほぼ連動しており、キャッシュフローに近いかやや下回る額の設備投資がなされた（**図表Ⅱ－２－１－５**）。バブル経済時には一時、キャッシュフローを大きく上回った。バブル崩壊とともに急激に設備投資が減少し、キャッシュフローの額を下回るようになるとともに、その幅が拡大した。１９９０年代においては一時、減価償却の範囲に収まるまでに低下し、企業は投資に対して非常に保守的な姿勢となった。２０００年代に入ると、２００２年１月を谷とする景

（図表Ⅱ－２－１－５）中小企業の設備投資とキャッシュフロー

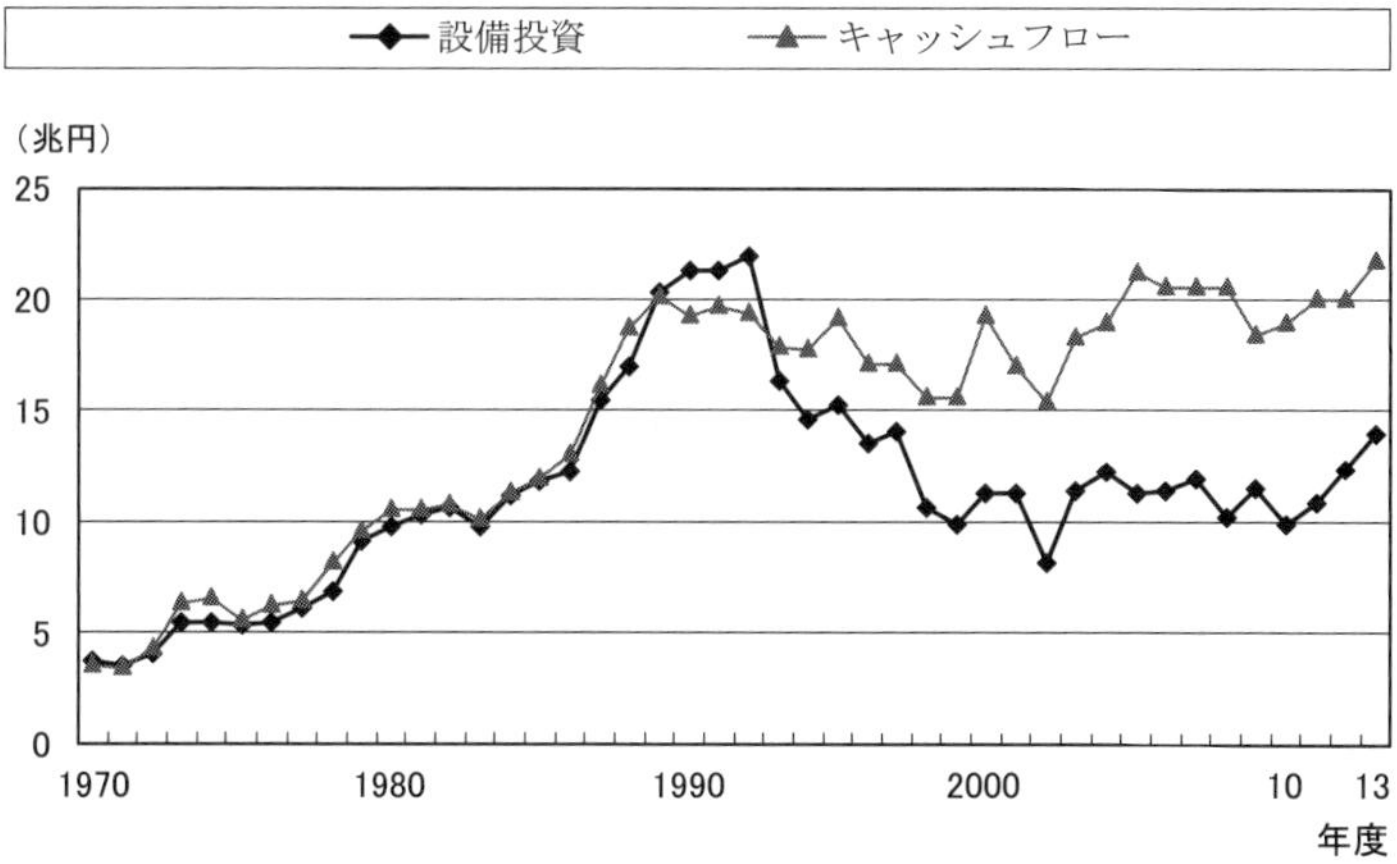

気回復とともにキャッシュフローが回復してきた。しかし設備投資はあまり回復せず、依然としてキャッシュフローの範囲に収まって推移した。２０００年代は、キャッシュフローの回復に比べると設備投資は低水準で推移しており、この間の「３つの過剰」が影響していたことが考えられる。設備投資／キャッシュフロー比率をみると、中小企業は１９８０年代の96・６％から、１９９０年代には87・８％とやや低下した。２０００年代には58・５％とさらに大きく低下している。これらから推測されることは、中小企業は過剰債務・過剰設備の解消に向けてキャッシュフローよりもかなり低い水準に設備投資を抑制してきたということである。

　わが国では中長期的には人口が減少していく。すでにその兆候は現われ始めている。人口減少、労働力の減少に対処していくためには、過剰設備や過剰雇用を単に減らす縮小均衡ではなく、生産性を向上させる方向、効果的な設備投資により資本装備率を引上げていくなどの方向に向かうべきではないかと思われる。中小企業は２０００年代に「３つの過剰」という課題に取り組み、なんとか解消にこぎつけた。しかしながら、「３つの過剰」を解消するに当たり、設備の過剰を解消するべく企業は設備投資を抑制し、その額をキャッシュフローの範囲内に収めてきた。このことが、２０００年代における中小企業の労働生産性の低迷につながっているとは考えられないだろうか。つまり、「３つの過剰」を解消する過程で過剰設備の解消により現在の需要に見合った生産能力までこぎつけたが、将来の需要を創造するための前向きの投資までが抑制され、新たな需要を獲得することができなくなり、結果として中小企業の労働生産性が低迷しているということである。

（７）超低金利と中小企業の収益力

また、中小企業の収益力が超低金利に下支えされている面があることも否めない。財務指標の収益性を示す中小企業の売上高経常利益率は、１９９０年代に低下した後、２０００年代には上昇したものの、１９８０年代の水準に戻った。一方大企業は、２０００年代には１９８０年代の水準をクリアし、それ以上に上昇し、規模間の格差が拡大している。この中小企業の売上高経常利益率を利払い前で試算してみると、１９８０年代の３・７％に対し、１９９０年代３・１％、２０００年代２・５％となり、中小企業は２０００年代においても１９８０年代どころか１９９０年代の水準をも下回る状況が続いた（図表Ⅱ-２-１-６）。２０００年代における中小企業の利払い前売上高経常利益率のピークは２００５年度の２・８％であり、２０

（図表Ⅱ－２－１－６）売上高経常利益率（利払い前）

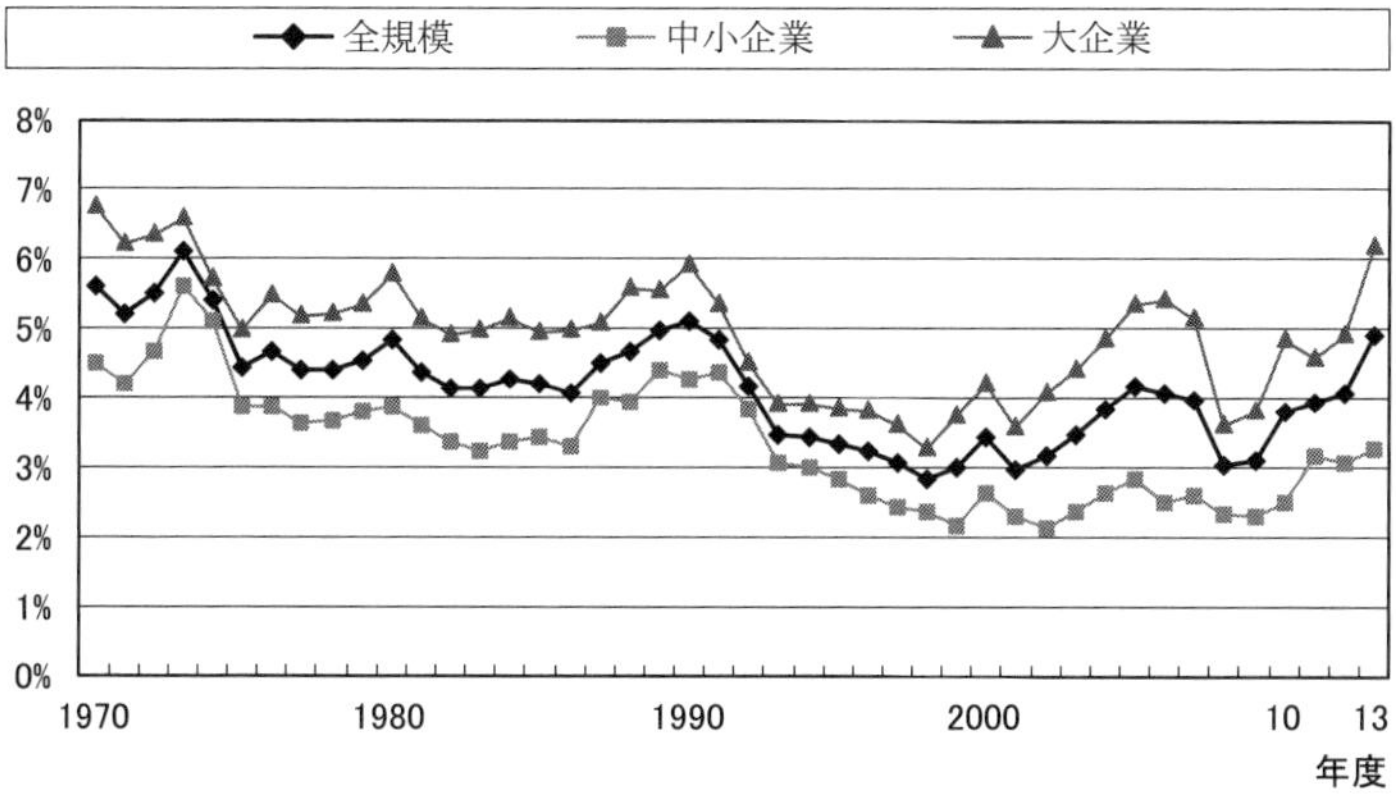

１０年度までは一度も１９９０年代平均の３・１％に達しなかった。２０１１年度にようやく３％台となったが、大企業はそれ以上に上昇している。バブル崩壊後数年経過した１９９４年度でも３％を維持していたことを勘案すると、中小企業の利払い前での収益性の低さが、特に大企業と比較して目立つ結果となっている。「３つの過剰」を解消してきた過程ではわが国は超低金利状態にあり、そのために中小企業の脆弱な収益性が表面化しなかったということもでき、中小企業にとって真の収益性の改善は喫緊の課題であるといえる。３％台に乗った収益力をさらに高めていくことが望まれる。

なお、大企業の同指標の推移をみると、１９８０年代の５・２％から、１９９０年代４・２％、２０００年代４・４％となっており、大企業も１９８０年代を下回っている。大企業は、２０００年代には表向き１９８０年代を上回る収益性を実現しているものの、利払い前で見れば１９８０年代を下回ったままである。大企業すらその収益力は超低金利に下支えされたものであったといえ、わが国企業の収益力の問題は根深いものがあった。ただ、足元では急速に回復してきている。

ここまで、わが国のバブル崩壊後の中小企業の財務動向について、時期を１９８０年代、１９９０年代、２０００年代に分けて、その間、中小企業がどのような経済・金融環境下にあり、財務内容をどのように改善していったのか、改善できなかったのか、についてみてきた。１９９０年代はバブル崩壊により発生した膨大な不良債権の処理のため、企業は「バランスシート調整」

を余儀なくされた。２０００年代は、成長率が下方屈折し、低成長、ゼロ成長となる中、過剰となった設備など、企業は「３つの過剰」の解消に努めてきた。こうした中、中小企業の財務構造は、１９９０年代は総じて悪化していったが、２０００年代には改善に向かった。特に自己資本比率など安全性の指標が改善したことは、中小企業の経営努力の大きな成果であるといえる。その一方、生産性、収益性などフロー面の改善は今一歩の状況である。収益性は超低金利状態が持続していることによる下支え効果が大きく、最近になりようやく回復したところとはいえ、金利負担分を除けば経常利益率は１９８０年代どころか１９９０年代の水準も下回っていた。

「３つの過剰」を乗り越えた現在、中小企業は生産性、収益性の向上を目指すべく、新たな将来の需要に向けての有効な投資などが必要となってくるであろう。また、わが国は総人口の減少が見込まれており、いずれ過剰雇用よりも必要な人材の不足という逆の現象が現われてくることも懸念される。超低金利もいつまで続くか不透明である。「バランスシート調整」と「３つの過剰」の解消はいずれも後ろ向きであったが、これからの中小企業は、将来の発展に向けてタイミングを見極めたうえで前向きの物的投資と人的投資により生産性を高め、収益力を強化していくことが求められていると思われる。

（８）金融環境の変化と中小企業

第Ⅰ部では中小企業を巡る金融環境について、バブル崩壊後のわが国の金融情勢の推移をみてきた。この間、目立った金融引締めがなされなかったことにより、過去のような景気循環と中小企業金融の繁閑の単純なパターンはあまりみられなくなってきた。従来のパターンは、景気が拡大し過熱気味になると、金融が引き締められて金利が上昇し貸出が抑制され、それが中小企業の資金繰りの悪化、中小企業向け貸出の減少につながる、そして金融引締め効果などから景気が山を迎え景気後退局面に入ると、金融が緩和され中小企業向け貸出も底を打ち、景気が回復に転じるのにともなって中小企業向け貸出も増加する、というものであった。

バブル崩壊後は本格的な金融引締期を迎えることがなくなり、こうしたパターンもみられなくなった。この間ほぼ一貫して金融緩和状態が続き、景気回復と景気後退の循環はあったが総じて景気回復力は弱く、日銀が過去のように景気の過熱を予防するために金融を本格的に引き締める、という局面には至らなかった。本格的な景気回復に達せず、すぐに腰折れしてしまう景気情勢が続いた中で、金融はほぼ一貫して緩和が維持され、また、金融システム不安が起きた時期にはゼロ金利、量的緩和という新たな金融政策が実施されるなど、中小企業を取り巻く金融環境は、少なくとも量的には十分すぎるほど緩和されている状況であった。

しかし本章でみたように、企業側からは、バブル崩壊後にいわゆる「3つの過剰」、設備、雇用、借入の過剰の問題を抱え、経済が停滞し成長が期待できないなかで、中小企業も減量経営や、借入の抑制も含んだスリム化が大きな経営課題となった。一方、金融機関側でも、バブル崩壊でバランスシートが痛んだ企業には貸出を抑制せざるを得なかった。さらに、自己資本比率規制のもとで、貸出金等の自己査定やそれに基づく償却引当が求められることとなり、また膨大な不良債権の速やかな処理の要請、といった環境下にあって、量的には資金を有していても、貸出審査はより厳格となり貸せない状況になり、「貸し渋り」、「貸し剥がし」といった事態を引き起こすこととなった。金融は緩和され資金余剰の状況であったが、それがそのまま過去のような信用供与の拡大にはつながらなかったといえよう。金融機関にとっては、バブル崩壊後の膨大な不良債権の発生は、貸出姿勢の慎重化につながり、さらに不良債権処理に必要な原資となるべき利益を確保しなければならないことから、優良な貸出先に集中する行動をとらざるを得ない状況に置かれたといえる。こうした行動が中小企業向け貸出の抑制につながったことは想像に難くない。

上記のような中小企業側、金融機関側の双方の事情があいまって、中小企業向け貸出はバブル崩壊後、非常に低調な推移となった。バブル経済までは毎年10％以上の伸びを示していたが、バブル崩壊後は1－2％の伸びとなり、やがてわが国経済がゼロ成長、マイナス成長になるという状況下、中小企業向け貸出もマイナスとなり、毎年貸出の減少が続くという状況に至った。

金融と信用という観点から、バブル前後の中小企業金融を比較してみると、バブル崩壊前では、わが国の期待成長率が高く全体のパイが拡大していくなかで、中小企業も成長し収益をあげて行くことが期待できた。いわば、将来に向けて中小企業が成長しその信用力が増加することを見込んで貸出することが概ね可能であった。また、不動産価格も右肩上がりであり、貸出を担保する不動産も将来に向けて価値が増加することが期待できた。しかし一方で、貸出の原資となる資金量は全体として不足している状況にあった。特に、金融が引き締められると量的な不足感が強まった。バブル崩壊前においては、資金を量的に確保できるかどうかが中小企業金融を左右していたといえ、金融の繁閑による貸出の変動は大きかった。

バブル崩壊後は、金融はほぼ一貫して緩和状態にあり、特に金融システム不安の時期からはゼロ金利政策や量的緩和政策が実施され、超金融緩和状態となった。一方、信用という観点からは、経済がゼロ成長、マイナス成長となるなかで、中小企業の成長機会、収益機会も限定されるようになり、中小企業の信用力が将来も維持されるかどうかは個別企業により大きく異なる状況になったといえる。他方、不動産もバブル崩壊後には価格の下落が続き、将来に向けて担保価値の持続的な増加は困難な状況となった。したがって、バブル崩壊後は、金融が量的に確保できるか（金融緩和されるかどうか）よりも、信用が確保できるか（将来に向けてどうか）ということが中小企業金融を規定するようになったといえるのではないか。金融が量的には余裕がある現状からすれば、中小企業金融においては、経済全体がゼロ成長、マイナス成長となる中で、中小企業の現在および将来の信用力をどのように把握するかが重要ということになる。したがって、金融機関にとっては、中小企業との長期的な取引関係からより正確に中小企業の信用力を把握する、あるいは別のところに信用力を求める（売掛債権担保、ＡＢＬ等）など、様々な手法により信用力の確保を実現することが必要となってきたといえる。一方、中小企業にとっては、いかに自己の信用力を維持、拡大していくか、量より質が重要な経営上の課題となってきたといえるのではないか。

2　中小企業の借入構造

平成25年１月に日銀は消費者物価を前年比２％上昇させるという「物価安定目標」（インフレ目標）を導入し、デフレ脱却を早期に実現することを目指す旨宣言した。(注2)デフレが克服されれば、現在は所与のものとされている低金利状態も解消されることになり、逆に金利上昇リスクが問題となり、借入金利の企業収益への影響が格段に大きくなる。一般的に中小企業は、大企業に比べると自己資本比率が低く借入金負担が大きい等財務基盤の脆弱さが指摘されている。また、収益力についても劣後している。

そこで本項では、財務省の「法人企業統計調査(注3)」を用いて、平成以降の中小企業(注4)の借入金残高、借入金と貸借対照表、損益計算書との関係について俯瞰し、その特徴を大企業との対比で明らかにしたうえで、中小企業の借入金と収益力に焦点を絞り、その抱えている課題について検討してみたい。

(1)　借入金と企業活動

ここではまず平成以降の中小企業の借入金残高、支払利息額の推移を確認し、続いて借入金と企業活動の関係について分析を試みることとする。なお、企業活動とは具体的には経営資源を活用して経済活動を行い、新たな付加価値を生み出し利潤を追求していくことであると考え、企業活動を表象する要素を貸借対照表上の総資産[注5]、損益計算書上の売上高、粗付加価値額[注6]および債務者の手元に残るキャッシュフロー[注7]の4要素に絞り、それらと借入金の関係について確認を行うこととする。ちなみに純付加価値額[注8]ではなく粗付加価値額を選んだのは、企業活動の生み出す価値を把握するには減価償却費を含めたほうが適切であると考えたからである。

①借入金残高の推移

はじめに借入金残高の推移について確認するとともに、大企業との比較を行ってみたい。なお、本稿では借入金＝有利子負債とし、短期借入金＋長期借入金＋社債＋受取手形割引残高＝借入金残高とする。

まず中小企業の年度末の借入金残高の推移についてみると、平成元年度以降平成7年度にかけて毎年増加が続き、平成8年度は一旦減少したが、平成9年度、10年度と増加し、その後平成16、17年度を除いて平成19年度まで減少が続いた（**図表Ⅱ-2-2-1**）。平成20年度には増加に転じ、その後23年度まではほぼ横ばいとなったが、直近の平成24年度に前年度対比二桁以上の減少率となったことから期間を通じてみると▲8％の減少となった。

次に大企業についてみると、平成元年度から3年度にかけては増加幅が大きかったが、その後平成10年度まではほぼ横ばいで推移し、平成11年度から17年度にかけて減少し、その後は緩やかな増加傾向にある。期間を通じてみると▲２%と若干減少した（**図表Ⅱ-２-２-２**）。

中小企業と大企業の借入金残高の推移を比較してみると、平成元年度から７年度にかけて中小企業が大企業を上回るペースで増加した点が目に付く。また、その変動状況に着目すると、中小企業のほうがばらつきは大きい。

②支払利息額の推移

借入金が直接損益に与える影響をみるために各年度の支払利息額

（図表Ⅱ－２－２－１）中小企業の借入と企業活動の推移

平成（年度）	年度末借入金残高	支払利息等	借入金平均金利	借入金依存度	借入金年商比率	粗付加価値額	粗付加価値借入金比率	ｷｬｯｼｭﾌﾛｰ	ｷｬｯｼｭﾌﾛｰ借入金比率	負債資本倍率（倍）
元	247.4	12.5	5.0%	51.4%	38.2%	143.1	57.8%	20.1	8.1%	3.97
2	260.1	15.9	6.3%	51.5%	35.6%	150.7	59.4%	19.3	7.6%	3.94
3	279.1	18.8	7.0%	52.5%	36.4%	165.4	61.4%	19.7	7.3%	4.02
4	304.5	18.0	6.2%	54.4%	39.1%	168.6	57.8%	19.3	6.6%	4.23
5	326.8	15.1	4.8%	55.8%	42.8%	168.4	53.3%	17.9	5.7%	4.42
6	346.3	14.4	4.3%	57.1%	46.1%	171.2	50.9%	17.7	5.3%	4.89
7	358.8	12.1	3.4%	56.3%	47.0%	173.2	49.1%	19.1	5.4%	4.88
8	326.1	9.6	2.8%	56.6%	50.0%	160.3	46.8%	17.1	5.0%	4.65
9	330.3	8.2	2.5%	56.7%	46.4%	165.5	50.4%	17.1	5.2%	4.89
10	343.5	10.1	3.0%	58.7%	51.2%	165.9	49.3%	15.6	4.6%	6.41
11	296.8	7.1	2.2%	54.2%	48.0%	159.9	50.0%	15.6	4.9%	4.15
12	277.5	6.8	2.4%	49.8%	41.5%	167.0	58.1%	19.3	6.7%	2.61
13	265.1	5.6	2.1%	52.8%	43.2%	152.9	56.3%	17.0	6.3%	3.14
14	254.7	5.4	2.1%	50.5%	41.7%	150.1	57.7%	15.4	5.9%	2.43
15	247.6	5.0	2.0%	50.0%	40.8%	148.4	59.1%	18.2	7.3%	2.51
16	255.4	4.8	1.9%	49.8%	38.8%	158.1	62.8%	18.9	7.5%	2.34
17	257.0	4.9	1.9%	47.0%	36.0%	163.5	63.8%	21.2	8.3%	2.29
18	240.2	4.5	1.8%	44.1%	34.8%	168.6	67.8%	20.5	8.2%	1.71
19	234.7	4.8	2.0%	44.2%	33.1%	164.5	69.3%	20.5	8.6%	1.66
20	268.5	5.5	2.2%	46.8%	36.7%	160.2	63.7%	20.5	8.1%	1.81
21	272.8	6.0	2.2%	47.7%	42.9%	157.2	58.1%	18.3	6.8%	1.96
22	256.4	4.6	1.8%	44.9%	43.0%	155.2	58.6%	18.9	7.2%	1.69
23	263.2	5.3	2.1%	45.9%	42.8%	161.5	62.2%	20.0	7.7%	1.80
24	228.8	4.0	1.6%	43.0%	40.4%	159.8	65.0%	19.9	8.1%	1.45
増減	▲ 18.7	▲ 8.4	-3.4%	-8.3%	2.2%	16.7	7.1%	▲ 0.2	0.0%	▲ 2.5
増減率	-7.5%	-67.6%				11.6%		-0.8%		-63.5%

（資料）財務省「法人企業統計調査（年次調査）」
（注）金額単位は兆円、資本金１億円未満を中小企業、１億円以上を大企業とした（除、金融業、保険業）

の推移についてみると、中小企業は平成3年度にかけて急増し、平成4年度から9年度にかけては減少が続いた。平成10年度には一旦増加したが、その後平成18年度まで緩やかな減少が続き、平成19年度からは平成22年度を除き若干増加基調にあったが、平成24年度は前年度対比二桁以上の減少率となった。期間を通じてみると▲68％と大幅に減少した。これは後述のとおり金利低下の影響に因る。

一方、大企業は平成3年度まで増加し、平成4年度から16年度までは減少し、平成17年度に一旦増加したが、平成18年度以降は概ね減少傾向が続いている。期間を通じてみると▲73％と中小企業以上に大幅に減少した。このよ

（図表Ⅱ－２－２－２）大企業の借入と企業活動の推移

平成（年度）	年度末借入金残高	支払利息等	借入金平均金利	借入金依存度	借入金年商比率	粗付加価値額	粗付加価値借入金比率	ｷｬｯｼｭﾌﾛｰ	ｷｬｯｼｭﾌﾛｰ借入金比率	負債資本倍率（倍）
元	261.4	13.6	5.6%	42.7%	37.0%	119.2	48.8%	31.3	12.8%	1.88
2	290.4	18.7	6.8%	43.0%	38.6%	130.3	47.2%	33.8	12.3%	1.90
3	306.6	19.1	6.4%	43.3%	40.7%	137.2	46.0%	34.2	11.5%	1.88
4	310.6	16.9	5.5%	43.6%	42.9%	139.3	45.1%	33.5	10.9%	1.86
5	312.8	14.5	4.7%	43.7%	44.4%	138.2	44.3%	32.3	10.4%	1.82
6	314.5	13.4	4.3%	43.5%	44.2%	141.5	45.1%	33.4	10.6%	1.79
7	309.6	11.2	3.6%	42.1%	42.5%	144.3	46.3%	34.3	11.0%	1.72
8	311.4	9.6	3.1%	41.3%	40.7%	150.1	48.3%	37.5	12.1%	1.64
9	314.0	8.8	2.8%	41.6%	41.1%	151.2	48.4%	37.8	12.1%	1.62
10	310.1	8.1	2.6%	41.6%	43.2%	146.0	46.8%	36.5	11.7%	1.56
11	297.2	7.3	2.4%	39.4%	42.4%	147.8	48.7%	38.1	12.5%	1.38
12	278.8	6.8	2.4%	36.2%	38.7%	151.3	52.5%	40.3	14.0%	1.21
13	274.1	6.1	2.2%	36.3%	39.0%	144.7	52.3%	37.8	13.7%	1.20
14	265.5	5.6	2.1%	35.7%	38.3%	146.8	54.4%	39.2	14.5%	1.14
15	246.8	5.2	2.0%	33.1%	35.6%	151.9	59.3%	42.7	16.7%	0.99
16	245.6	4.8	1.9%	31.4%	31.9%	159.7	64.9%	47.1	19.1%	0.89
17	231.8	6.1	2.6%	28.8%	30.0%	160.7	67.3%	47.6	19.9%	0.80
18	242.9	5.1	2.2%	28.5%	27.9%	166.1	70.0%	50.6	21.3%	0.77
19	232.7	4.7	2.0%	28.0%	27.6%	165.4	69.6%	50.7	21.3%	0.74
20	259.6	4.9	2.0%	31.1%	29.9%	147.8	60.1%	41.0	16.7%	0.79
21	260.0	4.5	1.7%	29.8%	35.2%	146.7	56.4%	38.2	14.7%	0.73
22	254.4	4.2	1.6%	28.9%	33.4%	155.8	60.6%	42.0	16.3%	0.70
23	256.5	3.9	1.5%	28.4%	33.0%	151.3	59.2%	40.3	15.8%	0.70
24	256.7	3.7	1.4%	28.2%	33.5%	148.0	57.7%	39.7	15.5%	0.68
増減	▲4.6	▲9.9	-4.1%	-14.4%	-3.4%	28.8	8.8%	8.4	2.6%	▲1.2
増減率	-1.8%	-72.9%				24.1%		26.7%		-64.0%

（資料）、（注）図表Ⅱ‐２‐２‐１に同じ

うにそのトレンドについては規模間で大きな差はない。

ちなみに支払利息額を年間の借入金平残[注9]で除した借入金の平均金利の推移についてみると、中小企業、大企業ともにほぼ支払利息額とパラレルに動いていることがわかる。これにより支払利息額は、借入金利低下の影響を受けて大幅に減少していることが確認できる。

③総資産と借入金

総資産と借入金の関係をみるために、借入金残高を総資産残高で除した「借入金依存度[注10]」を算出し、総資産規模（ストック面）からみた借入金負担の推移をみてみることとする。総資産は、負債＋資本、すなわち総調達額と同額であることから、この比率は、総調達資金残高のうち有利子負債残高が占める割合を示している。

まず中小企業についてみると平成元年度は51％であったが、その後緩やかな上昇傾向が続き、平成10年度に期間中のピークの59％となった。平成11年度から19年度にかけては徐々に低下し、その後はほぼ横ばいで推移し、平成24年度は43％となった。期間を通じてみると借入金依存度は８％ポイント低下した。これは、期間中に借入金残高は８％減少したのに対して、総資産残高は10％増加したためである。

一方、大企業についてみると平成元年度は43％であったが、平成２年度から19年度にかけて低下傾向が続き平成20、21年度は上昇したが、平成22年度は再び低下し平成24年度は28％となった。

期間を通じてみると14％ポイント低下しており、低下幅は中小企業よりも大きい。これは主として総資産残高が期間中に＋48％と大幅に増加したことに因る。

中小企業と大企業の「借入金依存度」を比較すると、平成元年度は、中小企業は51％と大企業43％の1・2倍程度で、平成初頭は中小企業と大企業の差はそれほど大きくはなかった。しかし、その後格差は拡大傾向が続いており、平成24年度は、中小企業は43％と大企業28％の1・5倍となっており、中小企業の借入金依存度は相対的に高まった。

④売上高と借入金

売上高と借入金残高の関係をみるために、借入金平残を売上高で除した「借入金年商比率[注11]」を算出し、売上高規模（フロー面）からみた借入金負担の推移をみてみることとする。

まず中小企業についてみると、平成元年度は38％であったが、平成2年度に低下した後は上昇傾向が続き、平成10年度は51％と年商の過半となった。平成11年度から19年度にかけては低下傾向が続き、平成20年度から21年度は上昇、その後はほぼ横ばいとなり、平成24年度は40％となった。期間を通してみると2％ポイント借入金負担は大きくなっている。これは売上高が6％減少した影響が大きい。

一方、大企業についてみると平成元年度は37％であったが、平成2年度から5年度にかけては上昇が続き、その後は平成19年度にかけて低下傾向が続き、平成20、21年度は上昇、22、23年度は低下し、平成24年度は34％となった。期間を通してみると3％ポイント借入金負担は小さくなっている。これは、期間中に借入金平残は＋5％と増加したが、売上高が＋16％とそれ以上に増加したためである。

中小企業と大企業の「借入金年商比率」を比較すると、平成2年度から5年度までは中小企業は大企業よりも低かった。しかし、平成6年度以降は逆転しその差は縮まっていない。つまり、中小企業のほうがフロー面からみた借入金負担が大きい。これは、大企業の借入金平残が平成6年度以降減少傾向に転じたことと、中小企業の売上高減少が続く一方、大企業は売上高増加が続いたことが影響している。

⑤粗付加価値額と借入金

借入に伴う負担を考えれば、その負担を上回って付加価値額が増加することが望まれる。ここでは、「粗付加価値借入金比率[注12]」を用いて借入金規模からみた粗付加価値額の比率の推移をみてみることとする。

まず中小企業についてみると、平成元年度は58％であったが、その後平成3年度まで上昇、平成4年度からは低下に転じて、平成8年度に期間中のボトムの47％となった。平成9年度から19年度までは概ね上昇傾向が続き、期間中ピークの69％に達した。平成20、21年度は低下、22年度からは上昇し、平成24年度は65％となった。期間を通じてみると7％ポイント上昇した。これは、主に期間中に粗付加価値額が＋12％と増加したためである。

一方、大企業についてみると平成元年度は49％であったが、その後平成５年度まで緩やかに低下し、期間中のボトムの44％となった。平成６年度からは概ね緩やかな上昇が続き、平成18年度には期間中ピークの70％に達した。平成19年度以降は平成22年度を除き低下傾向にあり、平成24年度は58％となった。期間を通じてみると＋９％ポイントと中小企業以上に上昇した。これは、主として粗付加価値額が＋24％と中小企業以上に大幅に増加したためである。

中小企業と大企業の「粗付加価値借入金比率」を比較すると、平成元年度は前者が後者を９％上回り、平成３年度にはその差は15％に拡大した。しかし、平成４年度以降急速に格差の縮小が続き、平成８年度には一旦大企業が中小企業を上回った。これは、平成４年度から７年度にかけて中小企業の借入金平残の増加率が粗付加価値額の増加率を上回る一方、大企業は逆に粗付加価値額の増加率が借入金平残の増加率を上回ったことに因る。その後平成９年度から14年度までは再び中小企業が大企業を上回ったが、平成15年度から19年度までは逆に大企業が中小企業を上回った。平成20年度以降については、22年度を除き中小企業が大企業を上回っているものの、平成初頭に比べると中小企業の優位性は薄れてきている。

⑥キャッシュフローと借入金

例えば借入金で資金調達を行い新たなプロジェクトをスタートする場合を考えてみると、借入に伴う支払利息等の金融費用、新たに発生する人件費、その他経費負担増加額、プロジェクト遂行により生じる利益にかかる納税負担額の合計を上回る付加価値を生み出していくことが出来なければ、リスクを冒して投資を行う意味はないであろう。そして、粗付加価値額から流出する費用を除いた債務者の手元に残るキャッシュフローが借入金の返済財源となる。これは、ほぼ税引き後経常利益に償却費を加えたものに近いとみられることから、ここではこれを借入金平残で除した「キャッシュフロー借入金比率[注13]」を用いて、借入金規模からみたキャッシュフローの比率の推移をみてみることとする。

まず中小企業についてみると、平成元年度は８％であったが、以後低下傾向が続き平成10年度は５％を下回った。平成11年度以降19年度にかけては上昇傾向が続き、平成20、21年度は低下、その後は上昇し平成24年度は８％となった。期間中の増減はあったが、期首と期末は同比率となった。

一方、大企業についてみると平成元年度は13％であったが、平成５年度までやや低下し、平成６年度から19年度までは上昇傾向が続いた。平成20年度以降はやや低下し、平成24年度は16％となった。期間を通じてみると３％ポイント上昇した。これは主にキャッシュフローが増加したことに因る。

中小企業と大企業の「キャッシュフロー借入金比率」を比較してみると、平成元年度は、中小企業は８％と、大企業13％の６割程度であった。その後中小企業はあまり改善が進まなかったが、大企業は改善が進んだ。その結果、平成24年度は中小企業8％、大企業16％となり、中小企業の同比率は大企業の半分程度となった。

　上記の分析結果と前述の「粗付加価値額借入金比率」の分析結果を考え合わせると、平成初頭の借入金規模からみた粗付加価値額の比率は、中小企業のほうが大企業よりも高かったが、平成15年度以降は優位性が失われてきている。そして借入金規模からみたキャッシュフローの比率は、大企業よりもかなり低くなっており、中小企業は大企業に比べると借入金規模からみた収益性の改善が進んでいないことがわかる。

(2) 調達構造

　まず資金調達の中心となる「自己資本」と「借入金」のバランスについて確認を行い、次に借入金の構造についてみることとする。

①借入金と自己資本のバランス

　資金調達の中心となる「自己資本」と「借入金」のバランスをみるにあたっては、年度末の借入金残高を純資産額で除した「負債資本倍率(注14)」を用いて、中小企業と大企業の長期の支払い能力(安全性)を比較してみることとしたい。

　まず中小企業についてみると、平成元年度は4・0倍で、その後も上昇が続き平成10年度は6

・4倍に達した(**図表Ⅱ-２-２-１**)。平成11、12年度は一転して急激に低下し、平成13年度は一旦上昇したがその後平成19年度にかけて低下傾向が続いた。平成20、21年度は若干上昇したが、平成22年度以降は再び低下が続き平成24年度は１・５倍となった。なお、平成11年度以降の低下については「自己資本」増加の影響が大きいとみられる。

一方、大企業についてみると平成元年度は１・９倍であったが、その後緩やかな低下傾向が続き、平成15年度には１・０を下回り、「自己資本」による調達が借入調達を上回った(**図表Ⅱ-２-２-２**)。その後も倍率の低下傾向が続き、平成24年度は０・７倍となった。このように倍率のトレンドを

(図表Ⅱ－２－２－３)中小企業の借入金内訳シェアの推移

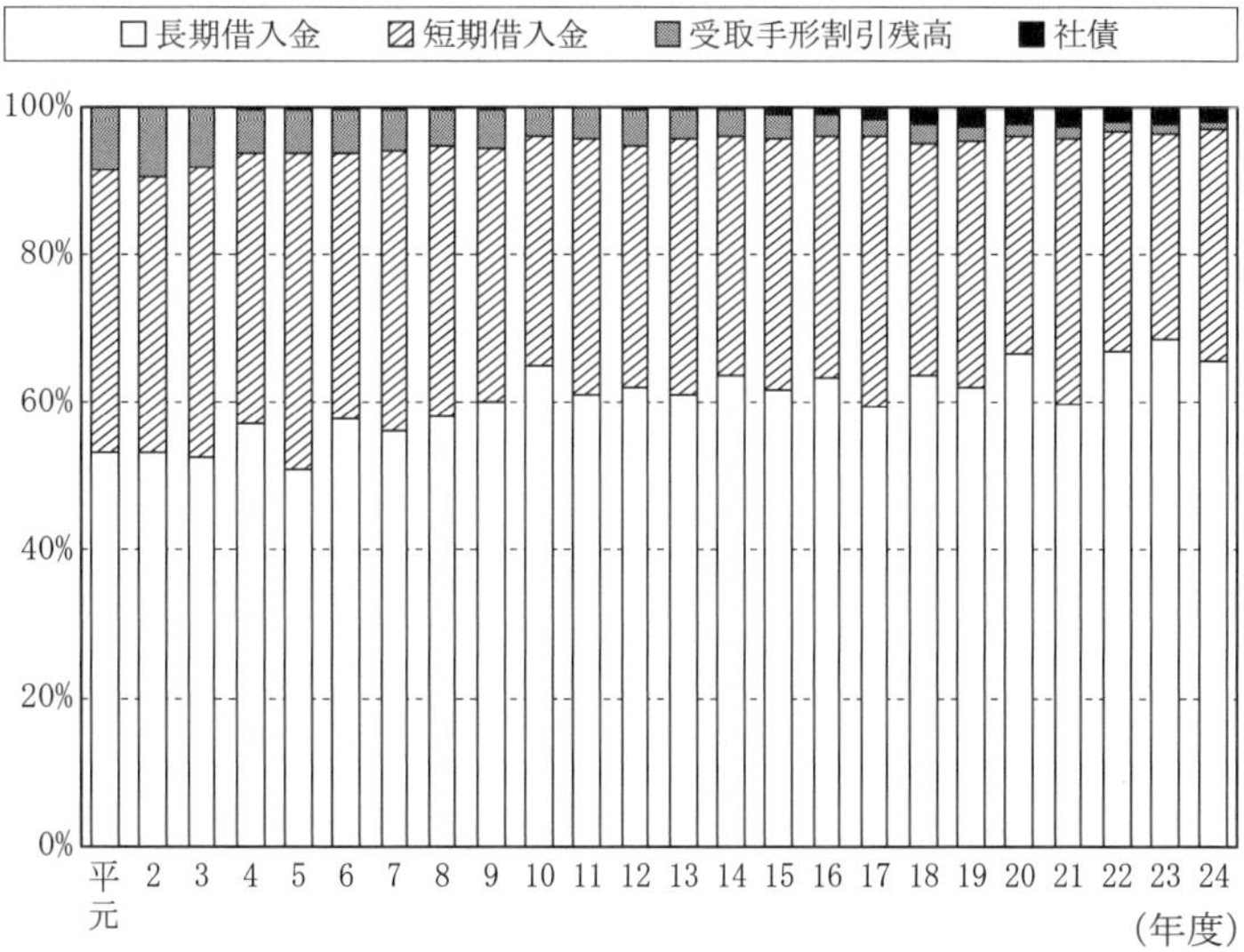

(資料)、(注) 図表Ⅱ-２-２-１に同じ

みると、中小企業、大企業ともに低下してきており、資金調達面からみると財務の健全化が進んできているとみられる。

　中小企業と大企業の「負債資本倍率」を比較すると、平成10年度までは、中小企業の「借入金」残高の増加および「自己資本」の伸び悩みが影響し、両者の格差は拡大したが、平成11年度から18年度にかけては、中小企業の財務内容の改善が進んできたことから、両者の格差は縮小した。しかしながら、依然として中小企業は「自己資本」の１・５倍の「借入金」を抱えており、資金調達は「借入金」に依存している。従って、長期の支払い能力については不安があり、安全性は十分とはいえない状況にある。これに対して大企業は、平成15年度以降は「自己資本」中心に調達が行われており、長期の支払い能力については不安が少ない状況にある。このように、両者の資金調達のバランスは対照的である。

②借入金の構造

　借入金を「長期借入金」、「短期借入金」、「社債」、「割引手形（受取手形割引残高）」の４要素に分けて、年度末の内訳シェアの推移について確認を行うこととする。

　まず中小企業についてみると、「長期借入金」は平成元年度末53・３％であったが、その後増加傾向が続き、平成24年度末には65・７％となり、期間中の比率増減は＋12・３％ポイントとなった（**図表Ⅱ-２-２-３**）。「短期借入金」は減少傾向が続き、38・３％が31・３％となり同▲７・０％ポイントとなった。「割引手形」についても減少傾向が続き、８・３％が１・２％となり同▲7・1%ポイントとなった。「社債」は0・1%が1・9%と同＋1・8%ポイントと増加傾向にあるが、調達額は少額であり、中小企業については「社債」による調達ウエイトは依然として非常に小さいことがわかる。なお、「割引手形」のシェアの低下が目立つが、これについては手形による決済の減少が大きく影響しているものとみられる[注15]。

一方、大企業についてみると「長期借入金」は平成元年度末36・0%であったが、その後増加傾向が続き、平成24年度末には45・7%となり、期間中の比率増減は＋9・6%ポイントとなった（図表Ⅱ-2-2-4）。「短期借入金」は減少傾向が続き、41・2%が35・3%となり同▲5・8%ポイントとなった。「割引

（図表Ⅱ－2－2－4）大企業の借入金内訳シェアの推移

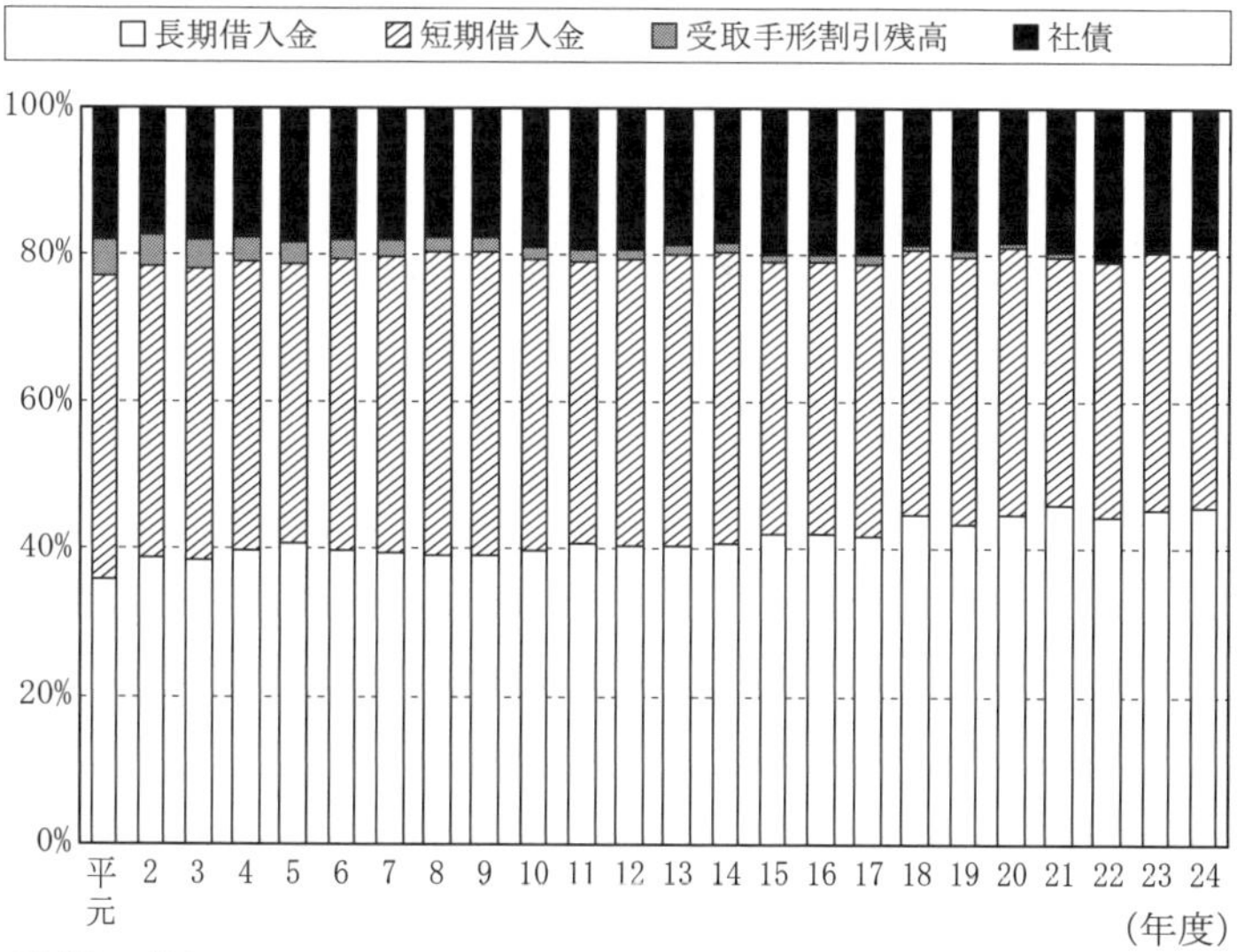

（資料）、（注）図表Ⅱ-2-2-1に同じ

手形」についても減少傾向が続き、４・８％が０・４％となり同▲４・３％ポイントとなった。「社債」は18・０％が18・５％となり同＋０・５％ポイントとなった。

中小企業と大企業の借入金の内訳シェアを比較すると、大企業では「社債」がほぼ安定して17～20％台のシェアを占めており、調達手段の１つとして定着している。これに対して中小企業では、「社債」は若干増加傾向にあるとはいえそのシェアは僅かであり、未だ一般的な調達手段としては定着するに至っていない。このように中小企業は「長・短借入金」を中心とした間接金融に相当程度依存した資金調達構造となっている。なお、「割引手形」については、中小企業、大企業ともに減少が続き、足元ではシェアは僅かとなっている。[注16]

（３）借入金と収益性

ここでは「借入金」により調達した資金が付加価値、利益を生み出していく仕組みについて分析を行い、中小企業の経営改善について考えてみたい。

①粗付加価値額を生み出すメカニズム

借入金規模からみた粗付加価値額の比率（粗付加価値借入金比率）については、既にみてきたとおり中小企業のほうが大企業よりも高いが、平成15年度以降その差は縮小してきている。ここでは総資産規模・売上高規模からみた粗付加価値額と、借入金との関係について簡易な分析を行うことで、その理由について考えてみたい。「粗付加価値借入金比率」はストック面からみると「粗付加価値総資産比率[注17]」を「借入金依存度（平残[注18]）」で除したものであり、フロー面からみると「粗付加価値率[注19]」を「借入金年商比率[注20]」で除したものであることから、具体的にはこれらの指標の動きと「粗付加価値借入金比率」との関係を確認することとする（下記算式（Ａ）（Ｂ）参照）。

まずストック面からみると、中小企業については、「粗付加価値総資産比率」は、平成以降26～31％台で変動しているが、期間を通じてみると平成元年度30％が平成24年度には29％と１％ポイント低下した（図表Ⅱ－２－２－５）。一方、「借入金依存度（平残）」は期間中に52％が45％と７％ポイント低下した。前者よりも後者の低下幅が大きかったことから「粗付加価値借入金比率」は上昇した。同様に大企業についてみると、「粗付加価値総資産比率」は、平成以降16～21％台で変動しているが、平成20年度以降は低下が目立ち、期間を通じてみると平成元年度21％が平成24年度には16％と５％ポイント低下した（図表Ⅱ－２－２－５）。一方、「借入金依存度（平残）」はほぼ一貫して低下傾向が続き、期間中に43％が28％と15％ポイント低下した。大企業の場合も中小企業と同様に、前者よりも後者の低下幅が大きかったこ

$$\text{（Ａ）ストック面…}\ \overset{\text{(粗付加価値借入金比率)}}{\frac{\text{粗付加価値額}}{\text{借入金（平残）}}}=\overset{\text{(粗付加価値総資産比率)}}{\frac{\text{粗付加価値額}}{\text{総資産（平残）}}}\div\overset{\text{(借入金依存度)}}{\frac{\text{借入金（平残）}}{\text{総資産（平残）}}}$$

$$\text{（Ｂ）フロー面……}\ \overset{\text{(粗付加価値借入金比率)}}{\frac{\text{粗付加価値額}}{\text{借入金（平残）}}}=\overset{\text{(粗付加価値率)}}{\frac{\text{粗付加価値額}}{\text{売上高}}}\div\overset{\text{(借入金年商比率)}}{\frac{\text{借入金（平残）}}{\text{売上高}}}$$

とから「粗付加価値借入金比率」は上昇した。

２つの指標について、中小企業と大企業を比較すると、「粗付加価値総資産比率」については、期間を通じて常に中小企業のほうが高い。そして期間中にその差は若干拡がった。一方、「借入金依存度（平残）」については、期間を通じて大企業のほうがかなり低い。期間中に双方ともに比率は低下しているが低下幅は大企業のほうが大きく、格差はさらに拡大した。この結果、期間を通じてみると「粗付加価値借入金比率」の差は縮小した。

次に、フロー面からみると中小企業については、「粗付加価値率」は、増減はあるものの緩やかな増加が続いており、期間を通じてみると平成元年度22％が平成24年度

（図表Ⅱ－２－２－５）粗付加価値総資産比率と借入金依存度の推移

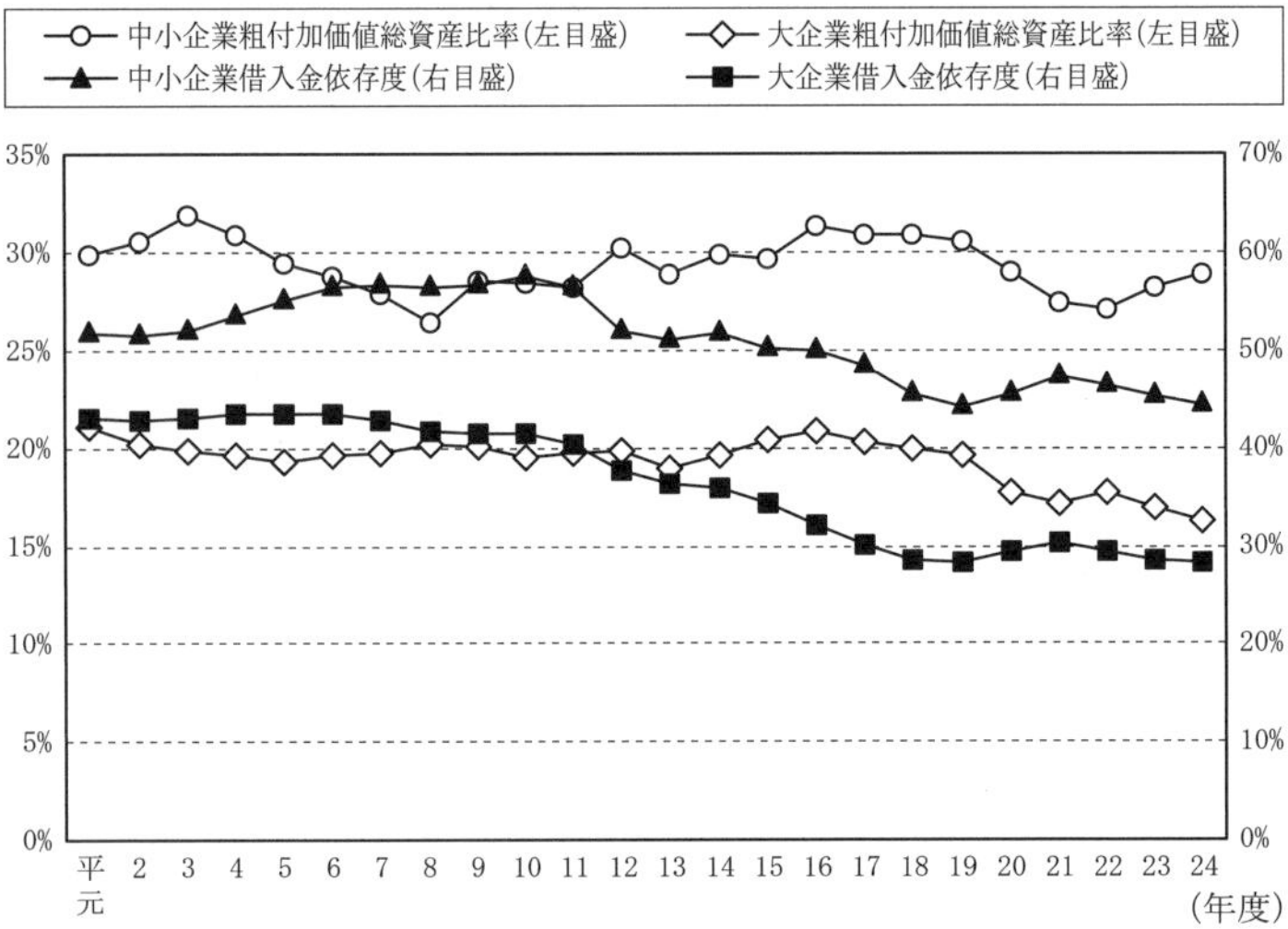

（資料）、（注）図表Ⅱ－２－２－１に同じ

には26％と4％ポイント上昇した（図表Ⅱ-2-2-6）。これに対して「借入金年商比率」も期間中に38％が40％と2％ポイント上昇した。前者の上昇が後者の上昇に伴う比率の悪化をカバーしたことから、期間を通じてみると「粗付加価値借入金比率」は上昇した。同様に大企業についてみると、「粗付加価値率」は、平成16年度から20年度にかけて減少したがその後増加し、期間を通じてみると平成元年度18％が平成24年度には19％と期間中に1％ポイント増加した（図表Ⅱ-2-2-6）。これに対して「借入金年商比率」は、期間を通じてみると37％が34％と3％ポイント低下した。前者が上昇し、後者が低下したことから期間を通じてみると「粗付加価値借入金比率」は上昇した。

（図表Ⅱ－2－2－6）粗付加価値率と借入金年商比率の推移

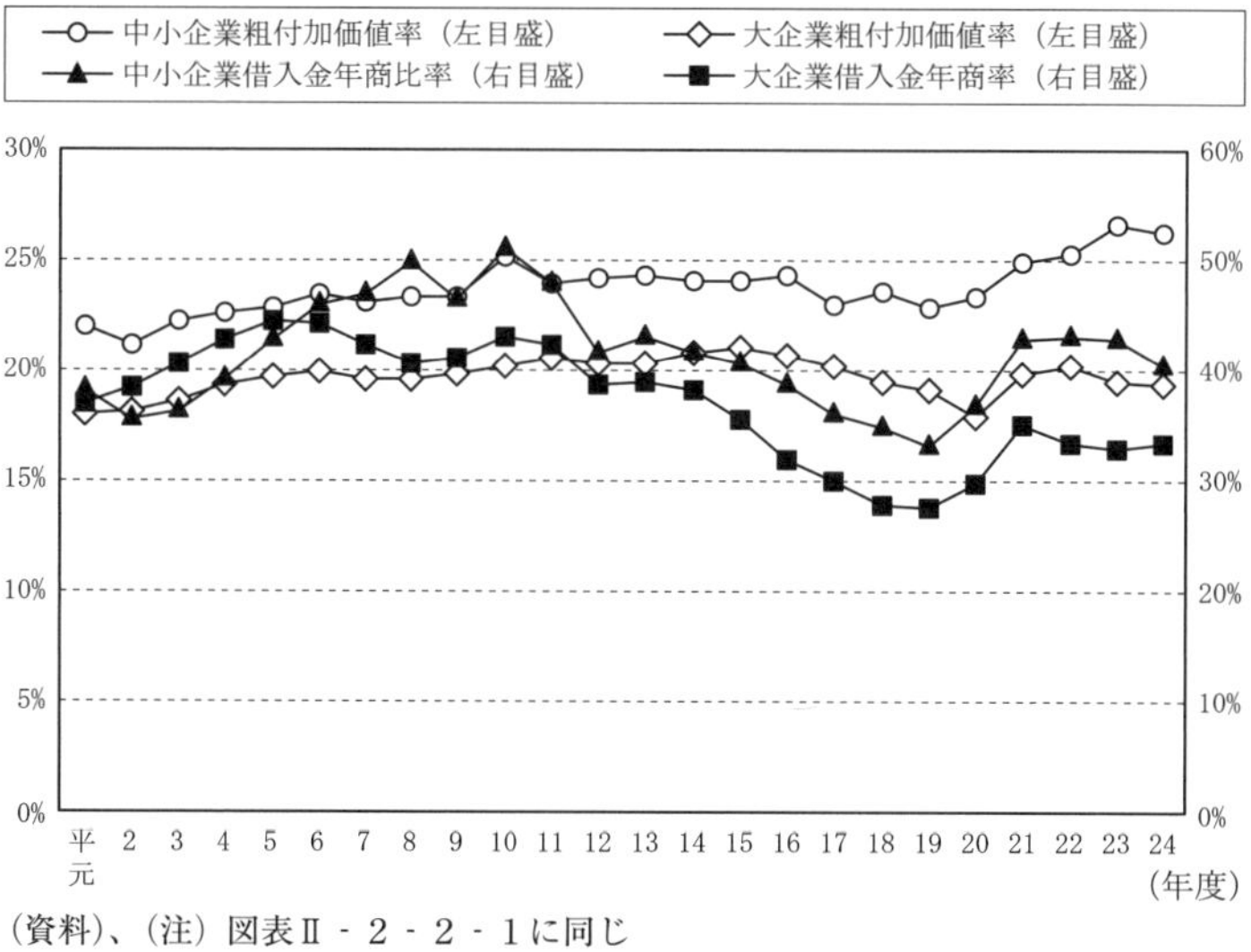

（資料）、（注）図表Ⅱ-2-2-1に同じ

２つの要素について、中小企業と大企業を比較すると、「粗付加価値率」については、期間を通じて中小企業のほうが高い。そして期間中に双方ともに比率は上昇しているが、上昇幅は中小企業のほうが大きく、その差は拡がった。一方、「借入金年商比率」については、中小企業のほうが高い。そして、期間中に中小企業は上昇したが、大企業は低下し格差はさらに拡大した。この結果、「粗付加価値借入金比率」の格差は縮小した。

要約すれば、中小企業においては、ストック面からみてもフロー面からみても、粗付加価値額ベースでみた収益性は大企業よりも高いが借入金比率が高く、かつ期間中にさらにその格差がさらに拡がったために、「粗付加価値借入金比率」の優位性が失われてきているということになる。

②粗付加価値額の構成要素とキャッシュフロー

「キャッシュフロー借入金比率」については、中小企業は大企業の半分程度にとどまっている（**図表Ⅱ-２-２-１、２**）。この理由は、そもそも中小企業のほうが大企業よりもキャッシュフローが小さく、かつ期間中にその格差がさらに拡大しているからである。一方、粗付加価値額は中小企業のほうが大企業よりも大きい。従って「キャッシュフロー借入金比率」に大きな差が生じている理由は、中小企業のほうが大企業より粗付加価値額からの社外流出額が大きいからである。そこでここでは、まず粗付加価値を構成する要素およびその動きを確認し、キャッシュフローに格差が生じている要因について考えてみたい。なお、粗付加価値額は「営業純益」、「人件費」[注21]、「支払利息等」、「動産・不動産賃借料」、「租税公課」、「減価償却費」により構成されていることから[注22]、具体的にはこれら6要素の残高およびシェアの動きをみてみることとする。

まず中小企業についてみると、平成元年度の粗付加価値額143兆円の内訳は、残高順に「人件費」96兆円（67％）[注23]、「支払利息等」13兆円（9％）、「減価償却費」12兆円（8％）、「動産・不動産賃借料」10兆円（7％）、「営業純益」7兆円（5％）、「租税公課」5兆円（4％）となっており[注24]、付加価値額の7割弱は「人件費」が占めていた（図表Ⅱ-2-2-7）。その後の

（図表Ⅱ－2－2－7）中小企業の粗付加価値額の内訳の推移（兆円）

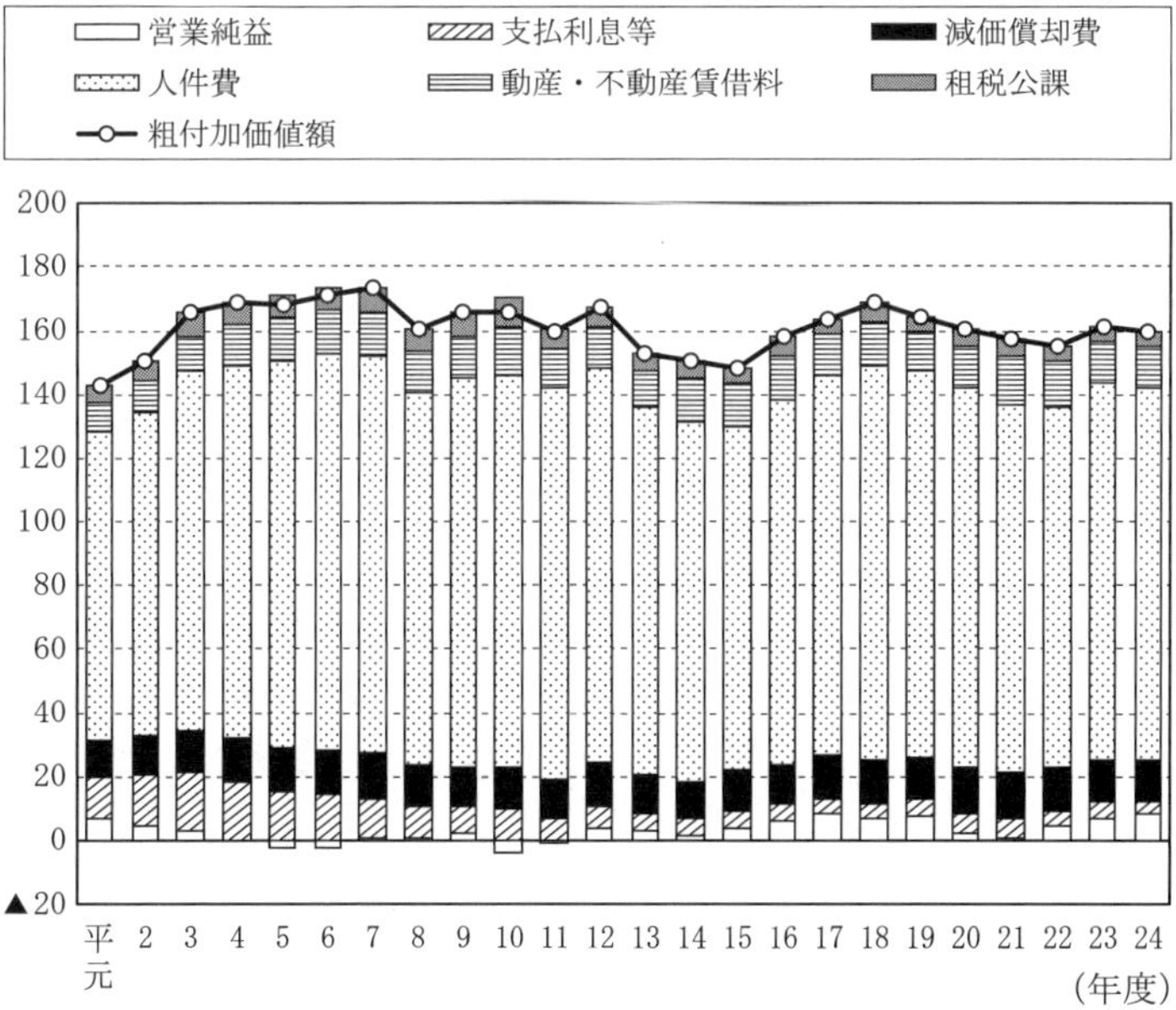

（資料）、（注）図表Ⅱ-2-2-1に同じ

動きについてみると、「人件費」のウエイトは67～76％台と高水準で推移した。「支払利息等」は減少傾向が続いたが、「営業純益」は平成５、６、10、11年度にはマイナスとなるなど総じて低い水準で推移した。また、その他の要素については大きな変動はなかった。この結果、平成24年度の粗付加価値額は１６０兆円となった。その内訳は、「人件費」１１７兆円（73％）、「動産・不動産賃借料」13兆円（８％）、「減価償却費」13兆円（８％）、「営業純益」８兆円（５％）、「支払利息等」４兆円（３％）、「租税公課」５兆円（３％）である。平成元年度と平成24年度を比較すると中小企業の粗付加価値額は17兆円増加した。内訳をみると、「人件費」＋21兆円（＋６％ポイント）、「支

（図表Ⅱ－２－２－８）大企業の粗付加価値額の内訳の推移（兆円）

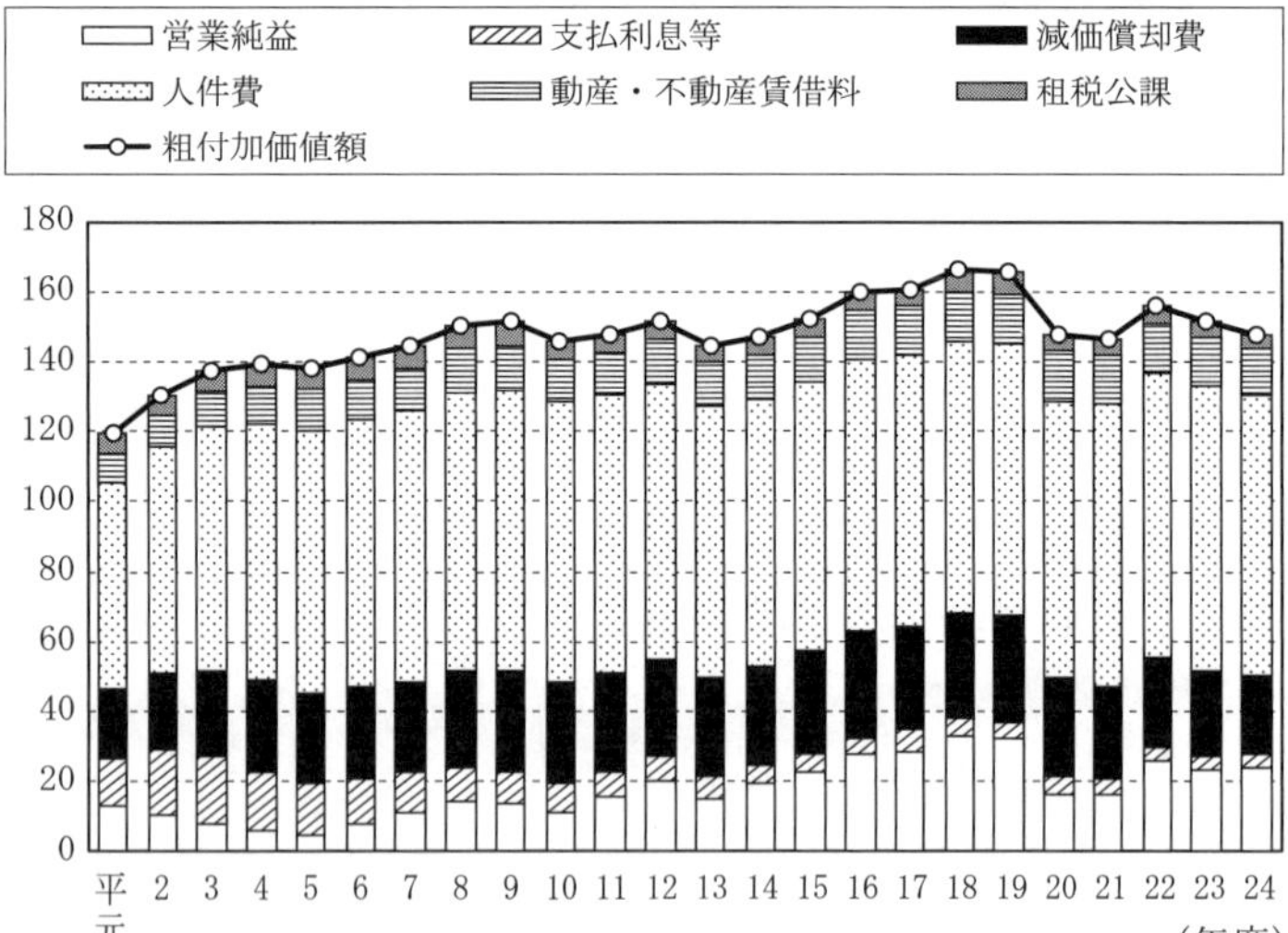

(資料)、(注) 図表Ⅱ‐２‐２‐１に同じ

払利息等」▲８兆円（▲６％ポイント）、の変動が目立つ。

一方、大企業についてみると、平成元年度の粗付加価値額１１９兆円の内訳は、「人件費」59兆円（50％）、「減価償却費」20兆円（17％）、「支払利息等」14兆円（11％）、「営業純益」13兆円（11％）、「動産・不動産賃借料」８兆円（７％）、「租税公課」６兆円（５％）となり、中小企業と同様に「人件費」に最も多く分配されているが、そのシェアは全体の半分程度であり、中小企業に比べると小さい（**図表Ⅱ-２-２-８**）。その後の動きについてみると、「人件費」のウエイトは46～55％台と中小企業よりも低い水準で推移した。「支払利息等」は中小企業同様減少傾向が続いた。「営業純益」は平成５年度まで減少傾向が続き、６年度から18年度にかけては増減あるものの増加傾向が続き、19年度から21年度にかけては減少した。「減価償却費」は平成19年度にかけて増加傾向が続き、その後は減少した。その他の要素については大きな金額変動はなかった。この結果、平成24年度の粗付加価値額は１４８兆円となった。内訳をみると、「人件費」80兆円（54％）、「減価償却費」23兆円（15％）、「営業純益」24兆円（16％）、「動産・不動産賃借料」13兆円（９％）、「租税公課」４兆円（３％）、「支払利息等」４兆円（３％）となった。平成元年度と24年度を比較すると大企業の粗付加価値額は29兆円増加した。内訳をみると、「人件費」＋21兆円（＋４％ポイント）、「営業純益」＋11兆円（＋６％ポイント）、「支払利息等」▲10兆円（▲９％ポイント）の変動が目立つ。

粗付加価値額の要素毎に規模間の差異をみると、中小企業は「人件費」への分配が大企業よりも大きいことがわかる。その逆に「営業純益」と「減価償却費」は大企業よりも小さくなっている。そして、その他の要素の差異は小さいことから、この３要素の差異で粗付加価値額の差のほとんどが説明できる。例えば平成24年度についてみると、中小企業の粗付加価値額は大企業を12兆円上回っているが、上記の３要素について規模間格差をみてみると、[注25]「人件費」は＋37兆円、「営業純益」は▲16兆円、「減価償却費」は▲10兆円となっている。

ここで中小企業と大企業のキャッシュフローの格差の要因について粗付加価値額との関連で考えてみると、中小企業の粗付加価値額は大企業を上回っているが、「人件費」への分配が大企業よりも大きいことから、「営業純益」は大企業よりも小さくなっている。加えて資金流出を伴わない「減価償却費」も中小企業のほうが小さい。この結果、中小企業のキャッシュフローは大企業の半分程度に止まっている。

③中小企業と大企業の借入構造

平成11年度以降は中小企業の「借入金依存度」は緩やかな低下傾向にあり、財務改善の努力は認められる。また、大企業との比較でみると、総資産規模・売上高規模からみた粗付加価値額の比率は高く、この点からみるとは中小企業のほうが収益性は高い。しかしながら、借入金負担はストック面、フロー面ともに大企業よりも大きく、平成以降にその格差がさらに拡大したことから、「粗付加価値借入金比率」は大企業と差が縮まってきている。こうした影響もあり「キャッシュフロー借入金比率」の規模間格差は拡大してきており、借入金規模からみた収益性（以下「借入金のパフォーマンス」という）について改善が望まれる状況にある。

　ここでこれまでの現状分析に加えて、以下では借入金を取り巻く環境について変化が生じた場合のリスクシナリオについても考えてみたい。収益に直接影響を与える支払利息額の推移についてみると、平成3年度以降金利低下の影響を受けて、足元の借入金利は歴史的な低水準となっている。しかしながら、今後デフレが克服されれば[注26]、現状のような低金利が永続することは期待できないであろう。仮に、支払利息が1％上昇した場合の年間の営業純益[注27]を試算してみると、中小企業については、平成24年度は30％の減益となる（**図表Ⅱ-2-2-9**）。また、平成以降でみると6期が黒字から赤字に転落し、

（図表Ⅱ－2－2－9）金利が1％上昇した場合のシミュレーション（兆円）

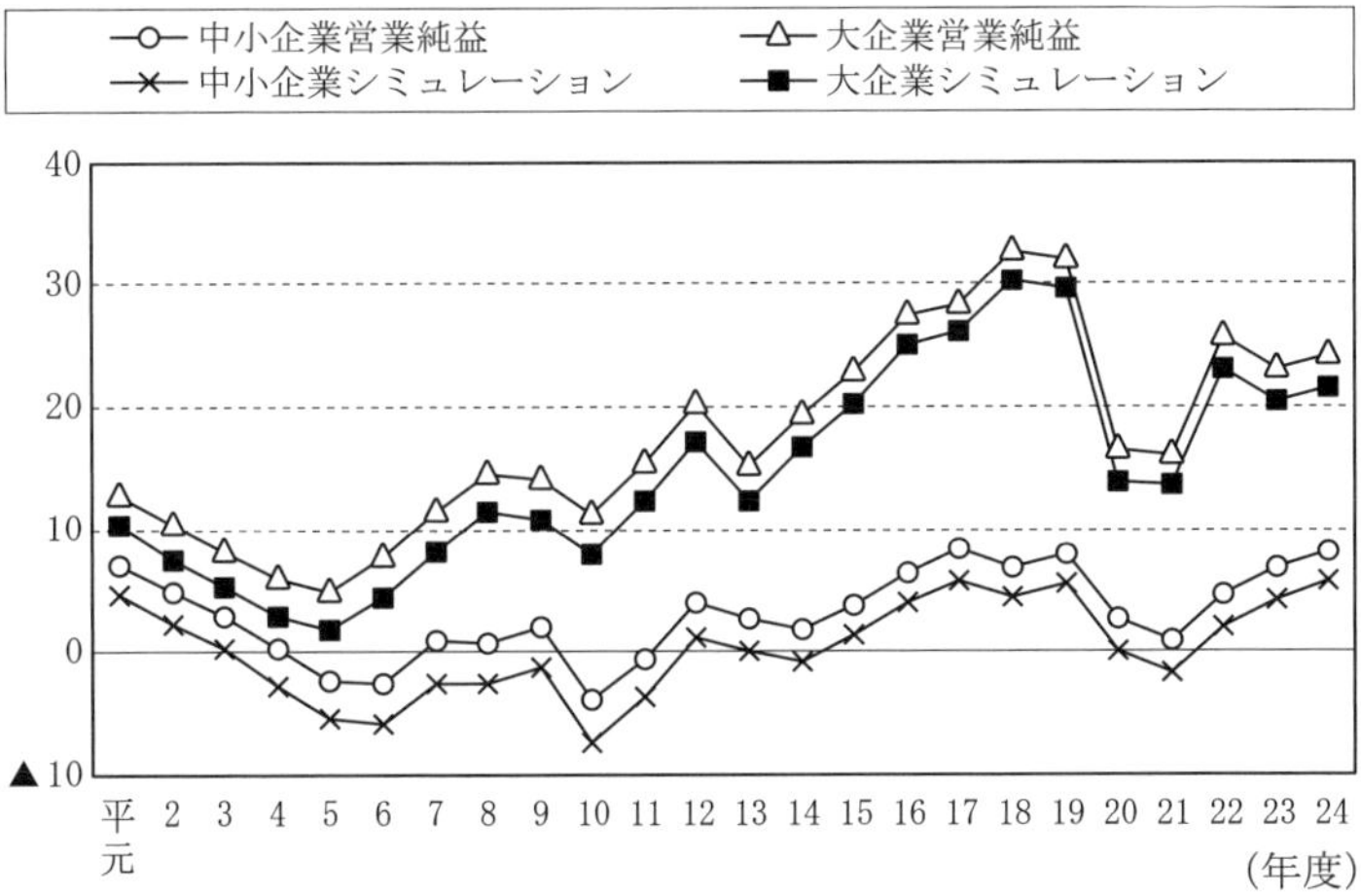

（資料）、（注）図表Ⅱ-2-2-1に同じ

営業純益が最大であった平成17年度においても減益率は31％と利益の３割以上が消失してしまうことになる。これに対して大企業については、平成24年度の減益率は11％と中小企業の３分の１程度である。また、営業純益が最少となった平成５年度においても黒字を確保することとなる。このように中小企業は大企業と比べると金利上昇に対する抵抗力が極端に弱い体質であり、潜在的に大きなリスクを抱えていることがわかる。

既にみてきたとおり企業を取り巻く経済環境をみると、バブル崩壊後は低成長経済に移行し、売上高の拡大が困難な状況にある。これは平成以降中小企業の売上高が減少していることからも明らかであろう。「売上高、規模」よりも、「利益率、効率性」を重視した経営が志向される所以である。特に、中小企業の場合は、金利上昇に対する抵抗力が弱いこともあり、この点からも「借入金のパフォーマンス」の改善を「利益率、効率性」改善のテーマのひとつとして考えてみる意義は大きいと考える。

④経営改善と借入金のパフォーマンス

低成長経済に移行したなかで、売上高、規模を拡大することで、付加価値額、利益を増加させるのは容易なことではなく、ヒト、モノ、カネ、情報等の全ての経営資源をより有効に活用し、仕入れコストを抑える、生産性を高めるなど様々な工夫を積み重ねていく以外に方法はないであろう。

本章では、業種別に分析を行っていないことから、平成以降の業種構成の変動の影響等については確認していないが、少なくとも中小企業は大企業に比べて借入金負担が相対的に大きく、低金利が続くなかで表面化はしていないものの、金利上昇リスクへの抵抗力が極めて脆弱である、ということは明らかであろう。その意味で、借入と収益力の関係に着目し、「借入金のパフォーマンス」を物差しとした経営管理を行っていくことの重要性は高まっていると考える。

「借入」は、資金調達手段のひとつであり、貸借対照表の負債の部の構成要素のひとつである。そして、調達した資金がどのように運用されているかによって、貸借対照表、損益計算書の動きが違ってくる。その結果、新たに生成される粗付加価値額、利益にも差が生じることになる。従って、調達の際の判断の適否、調達後の運用の巧拙が、企業（借入主体）の財務内容に大きな影響を与えることになる。特に、中小企業の場合は、総じて企業体力は十分とは言えず、調達の大部分を借入金に依存していることから、大企業以上に借入金の「質」を高めていく必要があると考える。

中小企業者が、良質な「借入」調達とその運用を心掛けることで、「借入金のパフォーマンス」を高め、抵抗力、競争力を高めていくことを期待したい。

【注】

（1）資本金1千万円未満の零細企業は、成長して企業規模が大きくなると通常は増資などを行い資本金1千万円以上の層に移ることになる。したがって、自己資本比率が低いままであるからといって単純な評価はできないことに留意する必要がある。以下の分析でも同様である。

(2) 政府と日銀は、「デフレ脱却と持続的な経済成長の実現のための政府・日本銀行の政策連携について」（共同声明）を公表した

(3) 「年次調査」に基づき算出（除、金融業、保険業）

(4) 本章では資本金1億円未満を中小企業、1億円以上を大企業とした

(5) 総資産残高＝資産残高＋受取手形割引残高

(6) 粗付加価値額＝営業純益（営業利益－支払利息等）＋役員給与＋役員賞与＋従業員給与＋従業員賞与＋福利厚生費＋支払利息等＋動・不動産賃借料＋租税公課＋減価償却費計

(7) 税引き後経常利益＋減価償却費に近似する「経常利益×０・５＋減価償却費計」で算出

(8) 減価償却費を含めないで計算した付加価値額を「純付加価値額」という

(9) （期首借入金残高＋期末借入金残高）÷２で算出

(10) 期末借入金残高÷期末総資産残高で算出

(11) （（期首借入金残高＋期末借入金残高）÷２）÷売上高で算出

(12) 粗付加価値額÷（（期首借入金残高＋期末借入金残高）÷２）で算出

(13) （経常利益×０・５＋減価償却費）÷（（期首借入金残高＋期末借入金残高）÷２）で算出

(14) 「D／Eレシオ」とも言われ、長期の支払い能力（安全性）をみる指標のひとつ。一般的には1倍を下回ると財務が安定しているとされる

(15) 一般社団法人全国銀行協会『決済統計年報』（各年版）によれば、手形交換枚数は、平成元年３８２百万枚が平成24年には77百万枚に減少している

(16) 電子記録債権制度の整備が進められており、今後は売掛金による資金調達が進み、「割引手形」のシェアはさらに低下するとみられる

(17) 粗付加価値額÷（（期首総資産残高＋期末総資産残高）÷２）で算出
(18) ここでは、借入金平残÷総資産平残で算出
(19) 粗付加価値額÷売上高で算出
(20) 注11参照
(21) 「法人企業統計調査」では、平成18年度までは、役員給与＋従業員給与（従業員賞与を含む）＋福利厚生費、平成19年度以降は、これに役員賞与、従業員賞与（従業員給与より分離）を加えたものとしている。
(22) 注６参照
(23) 人件費÷粗付加価値額は、労働分配率と言われている
(24) 四捨五入の関係で内訳の合計と残高は必ずしも一致しない。シェアについても合計は必ずしも１００％とならない
(25) ３要素について「中小企業」－「大企業」で算出
(26) 国内企業物価は平成25年４月以降、消費者物価は同年６月以降前年（同月）比で上昇に転じており、平成26年度に入り双方ともにその上昇率は高まってきている
(27) 営業利益－支払利息等（注６参照）

第3章

中小企業の各ステージにおける資金調達

中小企業は、その誕生から様々な段階（ステージ）を経て成長していく。そのステージは創業、成長、成熟、停滞と再生、衰退と再挑戦、転廃業と事業承継、と多岐にわたっている。これらの各ステージにおいて、中小企業にとってそれぞれ適した資金調達手段が存在する。また新たに、より適切かつ効果的な資金調達手段が次々と開発されてきている。

例えば創業においてはＶＣ、再生局面ではＤＩＰ(注1)、ＤＥＳ、ＤＤＳ、事業承継においてはＭ＆Ａが、それぞれ代表的な資金調達手段である。この他に近年登場してきた資金調達手段として、私募債、シンジケートローン、知的財産権担保融資などもある。また、経済・金融情勢に左右されやすい中小企業に向けて、そうした変化にも耐えうる資金調達手段、たとえば不動産や人的保証に過度に依存しない資金調達手段も登場している。それは売掛債権や在庫などの動産を担保とするＡＢＬ(注2)、証券化手法を活用したＣＬＯ(注3)、あらかじめ借入枠を設定するコミットメントラインなどに代表されるものであり、中でもＡＢＬは、制度整備などもあって近年、急速に認知度が高まってきている。

ここで若干ＡＢＬについて触れておこう。金融機関の融資の担保は、いまだに不動産が中心であり、動産や売掛債権を担保とする融資はあまり活用されていない。しかしながら、中小企業にとって、不況を克服するべく経営改善や事業再生を図るための資金はもちろん、新たな挑戦に向かい付加価値を生み出していくための資金を確保することも重要な課題であり、動産・売掛債権担保のより一層の活用が実現できれば、中小企業の成長・発展に資することが期待される。この期待に応えるべく開発されてきたのがＡＢＬである。最近時点のＡＢＬの残高は５・３兆円（２０１４年３月末、流動化・証券化協議会調査）で、ＡＢＣＰも含めた７・２兆円のうち売掛債権を裏付資産とするものは４・５兆円となっている。企業の売掛債権の規模（法人企業だけで２００兆円超）を考慮すると、今後ＡＢＬが成長する余地は十分あると思われる。

以下では、中小企業にとっての節目となる時期である事業承継段階と創業時について、いわば出口と入口における状況を詳しくみていこう。事業承継におけるＭ＆Ａ、そして創業におけるベンチャー投資について、それぞれ述べることとする。

1　中小企業とＭ＆Ａ

１９９９、２０００年の商法改正で株式交換制度、会社分割制度が創設された。その後会社法施行により組織再編に伴う手続きの負担軽減が図られるなど、Ｍ＆Ａに係る法制面の環境整備が進んできている。こうしたなか、中小企業にとっても自社の企業価値を高めるための有力な手法の一つとして、Ｍ＆Ａの戦略的活用について検討する意義は大きいと思われる。

ここではわが国のＭ＆Ａの現状を概観した後に中小企業のＭ＆Ａの実態についてみてみることとしたい。

（1）わが国のＭ＆Ａの現状

Ｍ＆Ａとは、Mergers（合併）and Acquisitions（買収）の略であり、日本語に直訳すると「企業の合併と買収」という意味になる。つまり、合併、株式取得、事業譲渡などの手法で会社もしくはその経営権を取得することである。これらは資本の移動を伴うが、Ｍ＆Ａをより広く解釈し資本の移動を伴わない業務提携等による「経営面での協力関係」を含める考え方もある。

Ｍ＆Ａの方法は、実務的には会社法、税法、その他の関連法規などによって制約を受けるが、１９９０年代後半以降はこれらの諸法令等も改正され、手続きの簡素化が図られるなど利用方法は拡がってきている。

①目的

Ｍ＆Ａの買い手は原則としてＭ＆Ａによるシナジー効果（注4）の追求を目的としている。具体的には、既存事業の強化、隣接業種への事業拡大、新規事業の開拓、事業再編対応などを目的としたものが多い。これらを自力で行うことによって必要になってくる時間をお金で買う、という考え方もできよう。一方、売り手は主に事業の維持・縮小、撤退を志向する。具体的には、ノンコア事業の売却によるコア事業への資源の集中（選択と集中）、業界再編への対応（有力先の傘下に入る）、事業承継対策および創業者利潤の確保、再生などを目的としている。

　中小企業は限られた経営資源しか保有していないことから、自助努力だけで経営課題を克服することが難しい場合が多い。Ｍ＆Ａは様々な目的に活用できることから、中小企業にとっても自社の企業価値を高めるための有力な手段になる。

②手法

　Ｍ＆Ａの手法の概要については以下のとおりである（**図表Ⅱ－３－１－１**）。ここでは１９９９

（図表Ⅱ－３－１－１）Ｍ＆Ａの手法

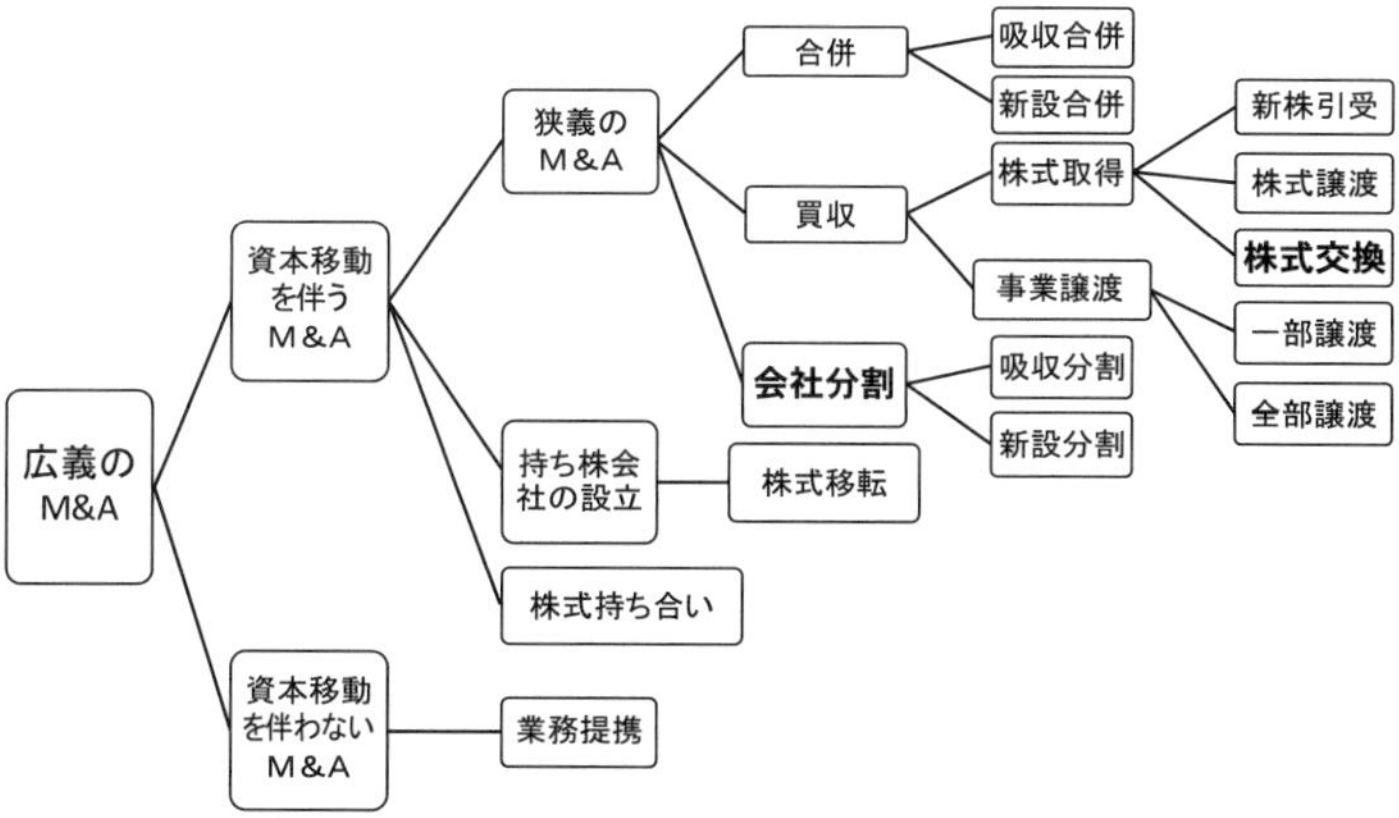

（出所）分林保弘（2011）『中小企業のためのM&A徹底活用法』PHP研究所に基づき筆者作成

年の商法改正以降に新設された「株式交換」および「会社分割」について簡単な説明を加えることとする。

（株式交換）

１９９９年の商法改正によって１００％の株式を所有する完全親子関係の会社をつくるために新設された手法で、売り手企業の株主は保有する株式を買い手企業に提出する代わりに、拠出した株式の対価に相当する買い手企業の新株が割り当てられる、というものである。さらに２００５年に成立した会社法により組織再編に伴う対価が柔軟化され、合併や株式交換などの際に「金銭その他の財産の交付」が認められ、対価として完全親会社の株式に限らず金銭や社債、新株予約権などを交付することができるようになり利便性の向上が図られた[注５]。なお、「株式移転」も既存の会社を完全子会社化することを目的とするが、持ち株会社を新たに作るもので、買収手段としては「株式交換」が利用される。

（会社分割）

２０００年５月に会社の分割法制に関する商法の一部改正法が成立、２００１年に施行され企業組織の再編やＭ＆Ａの手法として定着している。なお、承継する事業の対価として、承継会社の発行する株式、その他の対価は分割会社に交付されることとなる。

ちなみに「会社分割」と「事業譲渡」の相違点は、前者は「合併」と同様に権利や義務が包括承継されるが、後者は承継される事業や資産については、個別の事業譲渡契約に基づき決められるところにある。また、「会社分割」と「合併」の相違点は、「会社分割」は承継する範囲を限定できるが、「合併」は限定できないところにある。

③関連法制度等の整備

Ｍ＆Ａに関連する法制度については１９９７年以降整備が順次進められ、手続の負担軽減が図られてきている。特に、会社法の施行により柔軟かつ迅速な対応が可能となった（**図表Ⅱ-３-１-２**）。

会社法成立までの流れについてみると、１９９７年に合併手続きの簡素化が図られた。また、従来は独占禁止法で禁止されていた持ち株会社が解禁された。次いで１９９９年には商法改正により株式交換・株式移転制度も創設され、２００１年には会社分割制度が施行された。そして２００５年には会社法が成立し翌２０

（図表Ⅱ－３－１－２）Ｍ＆Ａ関連法制度の動き

(施行)年	内容	法律	備考
1997	合併手続きの簡素化	商法(改正)	吸収合併における報告総会不要 新設合併における創立総会不要
1997	持ち株会社の解禁	独占禁止法(改正)	
1999	産業活力再生特別措置法の制定		会社法の現代化改正の先取
1999	株式交換・株式移転制度の創設	商法(改正)	
2001	会社分割制度の施行	商法(改正)	2000年創設
2006	組織再編の条件緩和	会社法	簡易組織再編要件の緩和 略式組織再編制度の新設
2007	対価の柔軟化	会社法	交付金合併、三角合併

０６年に施行された。これにより吸収合併や株式交換などの際の「対価の柔軟化」や「組織再編の条件緩和」が図られた。

「対価の柔軟化」については前述の通りで組織再編に伴う対価が柔軟化された。また「組織再編の条件緩和」により、株主総会の特別決議を省略できる範囲が拡大された。具体的な内容は「簡易組織再編要件の緩和」と「略式組織再編制度の新設」で、前者により純資産の20％以下までは取締役会決議のみで組織再編が実施可能となり、後者により議決権の90％以上を支配する子会社の組織再編は子会社の株主総会の決議が不要となった。

なお、Ｍ＆Ａに関連する会計基準について改正を求める声も上がっている。（注6）具体的には、現在の日本の会計基準では企業を買収する際に、買収額が純資産額を上回る部分を「のれん」として貸借対照表に計上し20年以内で均等に償却するために、買収後の費用負担が発生するが、これを償却の必要のない欧米式の会計基準に合わせることでＭ＆Ａの積極的活用を後押ししようとするものである。

④企業価値の評価

Ｍ＆Ａは会社や事業の売買取引の一種であるため、売買価格はＭ＆Ａを円滑に進めるうえで重要な要素となる。ただ、Ｍ＆Ａは当事者間の任意の経済取引であるため客観的な価格を定めるのは難しく、それを代替するようなガイドラインもない。従って実務上は、売り手と買い手がそれぞれ妥当と判断する企業価値を推定し価格交渉を行うことになる。この手続きを効率的・有益に進めるためには両者が納得できるような基準が必要である。

　企業価値の評価方法には様々な考え方があるが、代表的なものとして「インカム・アプローチ」、「マーケット・アプローチ」、「ストック・アプローチ」の３つがある。このなかで中小企業の企業価値算定に最もよく用いられるのが「ストック・アプローチ」である。

「ストック・アプローチ」は企業の静的な価値に着目した方式であり、代表的な手法である「時価純資産価額法」は、時価ベースの資産から負債を控除して算出する方法で客観性が高い。ただし、継続企業としての将来の利益は考慮されないため、技術力、将来性等の非財務面の強みを「営業権」として加味し、「時価純資産価額」＋「営業権」を企業評価として評価する方法が一般的である。なお、「営業権」の算出方法には様々な考え方があり業種やビジネスモデルにより異なるが、およその目安として役員報酬や交際費の過大分・過小分等修正後の税引き後利益の３～５年分とする「年買法」と呼ばれる考え方がある。

⑤わが国のM＆Aの動向

ここでは、M＆A仲介機関㈱レコフの統計に基づきわが国のM＆Aのおよその動向をみてみることとする。(注7)

　M＆Aの件数・金額の推移についてみると、リーマン・ショック以降減少が続くなど短期的には景気の影響を受けているとみられるものの、中長期的には両者ともに増加傾向にある（図表Ⅱ－３－１－３）。このところ企業の手元資金が積み上がり、金融機関の融資態度も緩和が続くなど、資金調達環境が好転していることもＭ＆Ａの追い風になっているとみられる。なお、一件当たりの金額は減少傾向にあることから、中小企業の売却案件が増加してきている可能性が高いとみられる。

件数について国内外のマーケット別にみると、国内企業同士の売買が大多数を占めているが、足元では国内企業が海外企業を買い取る案件が増加してきている。形態別にみると「買収」[注8]が増加傾向にあり２０１３年は全体の46％とほぼ半数を占めている。一方、「合併」のシェアは

（図表Ⅱ－３－１－３）Ｍ＆Ａの件数・金額の推移

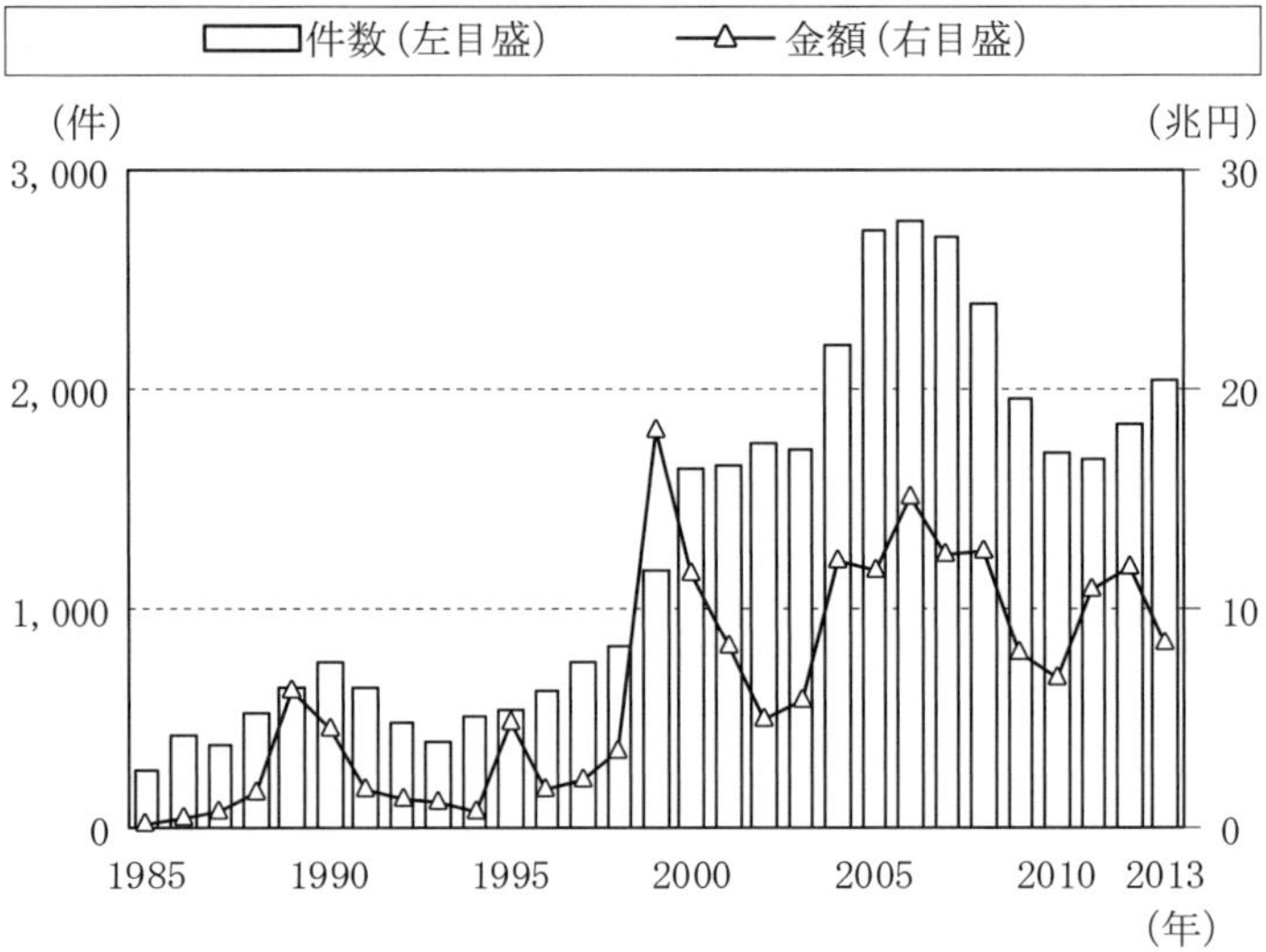

（出所）㈱レコフ調べ

２％程度にとどまっている。また、目的別にみると、「既存事業の強化」が約８割と圧倒的なシェアを占めており、本業の拡大を志向する傾向が顕著である。最後に地域別にみると、売り買いともに東京を中心とした大都市圏集中傾向が鮮明であり、２０１３年は「関東・甲信越」が７割程度を占めている。一方、地方圏の成約は非常に少ない。また、大都市圏は相対的に買いが優勢、地方圏は売りが優勢となっている。

（２）中小企業のＭ＆Ａの実態

このところ中小企業の事業承継問題が注目を集めている。こうした流れを受けて最近では中小企業のＭ＆Ａといえば売り手の事情、それも「事業承継」の視点から語られることが専らとなっている。ただ、Ｍ＆Ａの売り手の目的はそれ以外にも考えられる。また、買い手の目的は多岐にわたっている。そこでここでは「事業承継」以外の視点も含めて中小企業のＭ＆Ａの実態について分析を行いたい。

①市場動向

２０００年以降の未上場企業同士の年間のＭ＆Ａ件数の推移をみると、（注９）２００６年までは増加傾向が続いた。その後は２０１１年まで５年連続で減少したが２０１２年以降は再び増加に転じており、Ｍ＆Ａ市場全体の動きとほぼ一致している。そのシェアについては23～29％台と全体のほぼ１／４程度であり、中小企業が全企業数の99％を占めていることを勘案すると伸び悩んでいる。[注10] 地域別にみると東京を含む関東圏に66％が集中している。[注11]

古瀬（２０１１）[注12]は、〝わが国においては１９７０年代後半から中小企業の後継者問題が深刻化し、１９８０年代からその解決策としてM＆Aが活用されるようになった。１９９０年代前後には中小企業のM＆Aを専門に扱う仲介業者が設立されはじめ、２０００年代には地域金融機関による仲介業務への参入が増加した。[注13] 中小企業のM＆Aを取り扱う専門の仲介業者が増加しているという意味では、中小企業M＆A市場は整備されつつあるといえるだろう〟と指摘している。ただ、地域別にみると偏りが大きく、今のところは東京を中心とした大都市圏に相当程度集中しており、地方圏の中小企業が成約に至るケースは少ない。

②目的、手法、手数料等

以下では公的機関として最初に中小企業のM＆A支援を開始した大阪商工会議所の「企業名匿名方式による非公開企業のM＆A市場（以下「M＆A市場」）」[注14]のデータ分析等に基づき中小企業のM＆Aの申込み状況、目的、手法、手数料などについてみてみることとする。

まず、「M＆A市場」の売買の申込み（登録）件数を比較すると、売り案件の申込件数は１９７件、買い案件の登録件数は２８９件と、買いが売りを上回っている。[注15]

「M＆A市場」の売買の申込み（登録）理由についてみると、売りについては「後継者不在」

が48％とほぼ半数を占めている。次いで、「業績不振・リストラ」（21％）、「企業体質の強化」（13％）、「別事業を展開したい」（５％）の順となっている（「その他」14％）。ちなみに㈱ストライク(注16)の成約先の譲渡目的をみても「後継者不在」が54％と最も多く過半数を占めている。一方、買いについてみると「既存事業の商圏拡大」が57％、次いで「関連異分野への多角化」が23％となっておりこの２項目で約８割を占めている。

「M＆A市場」の成約件数31件を手法別にみると、「株式譲渡」が22件と71％を占めている。次いで「事業譲渡」が５件（16％）となっており、この２つで９割近くを占めている。ちなみに成約件数の絶対数が少ないことから、参考までに㈱日本M＆Aセンター(注17)および㈱ストライクについてもそれぞれの成約手法（形態）を確認してみると、両社ともに「株式譲渡」のシェアが最も高い。また、「株式譲渡」と「事業譲渡」合計で約９割を占めている(注18)。

最後にM＆Aの手数料についてみると、売り手、買い手ともに一般的には「着手金」＋「成功報酬」という形をとっている。「着手金」に関しては案件の規模や性質によって異なり各機関のスタンスも様々であるため相場というものはない。一方、「成功報酬」については取引金額(注19)に一定の割合を乗じて算出する「レーマン方式」を採用している場合が一般的で、取引金額が小さいほど割高となる。また、ほとんどの仲介機関は成功報酬の下限を定めており(注20)、売買価格が小さいケースでは相対的に負担が大きくなる。なお、M＆Aに係る費用としては、仲介手数料以外にも税金や弁護士費用なども考慮する必要がある。

③事業承継とM&A

経営者の高齢化に歯止めがかからない。一方、社長交代率は低水準にあり事業の承継は進んでいない。こうしたこともありこのところ休・廃業件数は増加傾向が続いており、廃業に伴う社会的な損失を回避するために中小企業の事業承継対策が注目を集めている。東京都事業引継ぎ支援センター(注21)の半期ごとの相談受付件数の推移をみると、２０１１年度下期実績は44件であったが、２０１３年度上期は３３８件と急増しており、中小企業の事業承継問題への関心の高まりが窺える。

中小企業の事業承継の実態については、２０１３年版中小企業白書では、〝20年以上前は「親族内」承継が９割以上を占めており、「親族外」は１割に満たなかったが、２００８年から２０１２年までの現経営者の承継形態をみると、中規模企業(注22)は「親族外」承継が「親族内」を上回り、小規模企業でも35％は「親族外」が占めるなど、近年は中小企業の「親族外」承継が急増してきている〟と指摘している。実際に東京都事業引継ぎ支援センターの２０１１年10月から２０１３年９月までの相談内容の８割以上はＭ＆Ａが占めるなど、中小企業の「事業承継」問題解決の手法としてＭ＆Ａに対する関心が高まってきている。

なお、中小企業の事業承継に関する政策面のサポートについてみると、相続税や贈与税の軽減措置などによる「親族内」承継に対するサポートを重視しているとみられる。そして、今後はその範囲を従業員等の「親族外」にも拡げようとする動きもみられる。後継者候補がいる場合はこうした支援策が功を奏して、「親族内」承継や社内の従業員等への承継が進むことも期待できる。しかしながら、親族および社内関係者に後継者候補が見つからない場合が増えてきていることから、Ｍ＆Ａなどによる社外の第三者に承継することについてのサポートが望まれる状況にある。

ただし、売買金額が小さい小規模企業の場合は仲介手数料に見合う価格での売却が難しく、Ｍ＆Ａによる事業譲渡は現実的ではない。深沼・井上（２００６）[注23]によれば、〝経営者が引退した小規模企業は、過半数の56・６％で事業譲渡されずにそのまま廃業しているが、多くの先が販売先、受注先、仕入れ先、外注先など外部の企業や消費者とのネットワークを同業者や従業員に意識的に引き継がせ、廃業による社会的なショックを和らげている〟と指摘している。このようなＭ＆Ａによらない事業承継のスタイルは、従業員の雇用を守ることができない場合もあり不完全な承継ではあるが、時間とコストを抑えることのできる有力かつ現実的な対応策の一つといえるのではないだろうか。深沼・井上（２００６）が指摘しているように、小規模先の事業承継については、Ｍ＆A以外の方法で経営資源を引き継いでいくような方法やそのサポートについて検討する意義は大きいように思われる。

④先行調査からみるＭ＆Ａの印象－独立行政法人中小企業基盤整備機構の調査より

ここでは独立行政法人中小企業基盤整備機構が過去に実施した２つの調査の結果をもとに、中小企業のＭ＆Ａに対する印象等についてみてみることとする。

まず「事業承継実態調査報告書」（２０１１・３）によれば、Ｍ＆Ａによる事業売却への抵抗感については「ない」が46％と「ある」（44％）をわずかに上回ったものの、両者は拮抗しており、半数近くの中小企業者は抵抗感を持っている。

次に、「事業承継に係る親族外承継に関する研究～親族外承継と事業承継に係るＭ＆Ａの実態～（２００８・３）」によれば、Ｍ＆Ａには様々な課題があるものの、「事業承継上有効な手段」として認識している（**図表Ⅱ-３-１-４**）。その他のＤＩ値の大きい項目をみると、「手法や手続きの理解や知識が乏しい」や「相手先企業の情報が少ない、分からない」が上位に位置しており、中小企業は自力でＭ＆Ａを行うことが難しいことがわかる。それ故「信頼できる相談相手や仲介機関」を求めている。次いで「企業譲渡の実施に伴うリスクが高い」や「同コストが高い」が続いている。

企業譲渡をする際に希望することについてみると、「役員・従業員の雇用確保、処遇」を挙げる割合が最も高く、「会社の更なる発展」がこれに続いており、「企業の譲渡価格」を大幅に上回っている。このように中小企業のＭ＆Ａは売却利益の高さを重視する一般的な市場取引と明らかに異なっている。

⑤中小企業のＭ＆Ａの特殊性

M＆Aは、株式や事業を売買する経済行為であるという点では規模による違いはない。しかしながら、中小企業は株主がオーナーで所有と経営が一致している場合が多いことや、ほとんどは未上場企業であり企業情報の大部分は非公開であるなど、上場企業とは属性が大きく異なっている。そのために中小企業のM＆Aには市場における売買にはみられない特殊性が確認される。

古瀬（2011）は、〝後継者不在を主たる（譲渡）理由として行われる中小企業のM＆A取引を特徴的なものに

（図表Ⅱ－３－１－４）M＆Aに対する考え方・課題（DI）

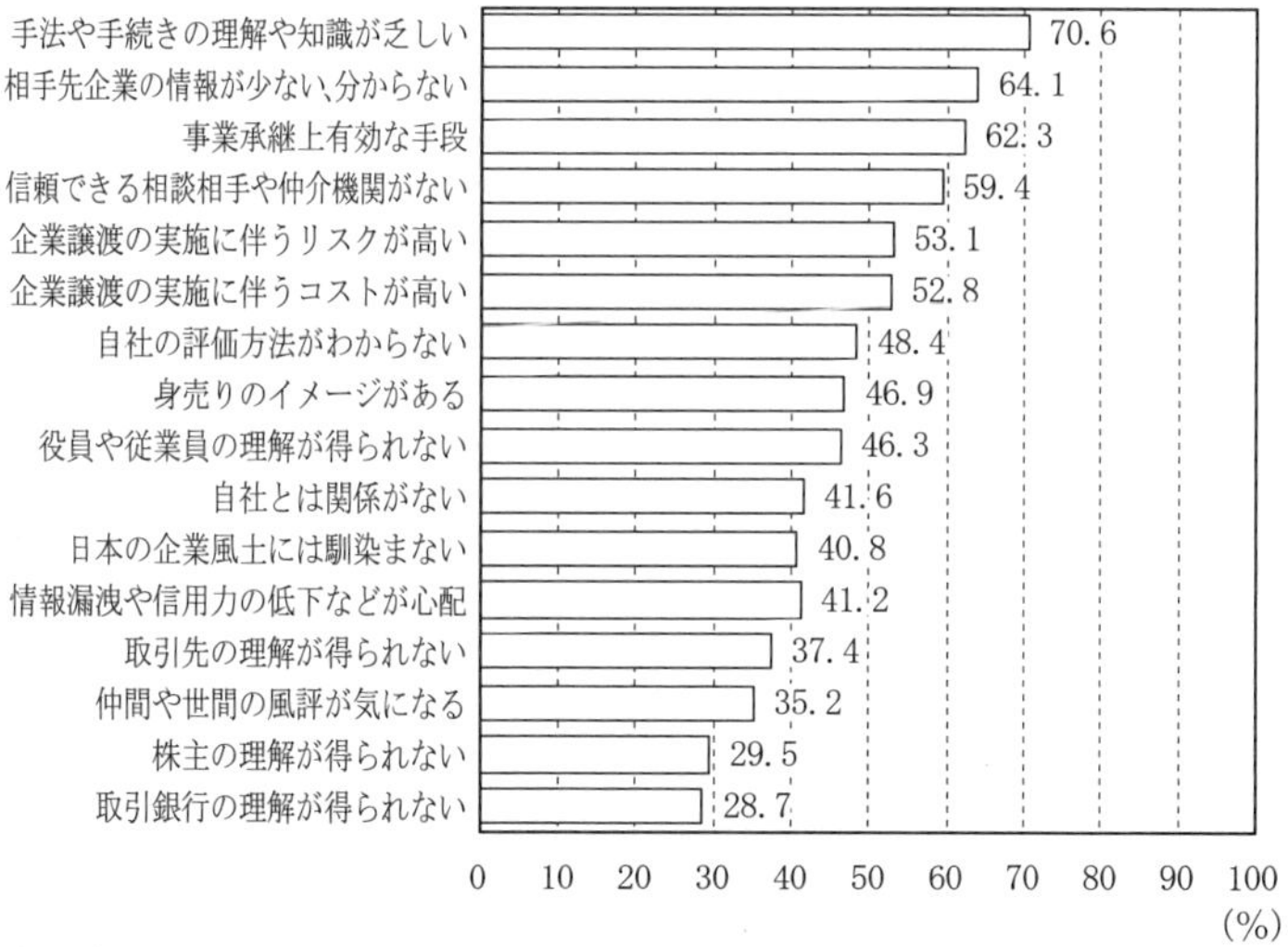

（出所）中小企業基盤整備機構（2008.3）「事業承継に係る親族外承継に関する研究」P52に基づき筆者作成

（注）それぞれの項目についての4つの回答比率をベースに以下の算式でDIを算出

DI＝「そう思う」×１＋「どちらかというとそう思う」×２/３＋「どちらかというとそう思わない」×１/３＋「そう思わない」×０

目安…50超は質問項目に対し肯定的、50は中立、50未満は否定的

しているのは、「会社・従業員に対するオーナー経営者の感情」や「企業売却に対する社会的な負のイメージ」である。これらの社会的要因が影響を強く及ぼすため、中小企業のＭ＆Ａは一般的市場とは異なる性質を持ち、部分的に「贈与交換」でみられる特徴が観察される〟と指摘している。さらに、これら2つに「情報の非対称性の高さ」を加えた3つを中小企業のＭ＆Ａプロセスに影響を与える要因としている。

既述の通り中小企業のＭ＆Ａは、売り手企業の「後継者不在」を理由としたものが多いことから、古瀬（２０１１）の指摘はまさに中小企業が売り手となる場合のＭ＆Ａの特殊性といえよう。これらは先程の先行調査の結果と符合する。こうした特殊性があるために、後述の通り中小企業のＭ＆Ａ手続きは多段階のプロセスを経ることになると考えられる。

なお、中小企業は規模が小さく地域密着型の単一事業というビジネスモデルが大多数を占めていることから、市場（商圏）は小さく事業の範囲も限られている場合が多い。故にＭ＆Ａのシナジー効果を考えると、中小企業が買い手となる場合は、立地面からみると売り手と同一地域あるいは近隣地域に商圏を持つ先、事業面からみると同一事業あるいは関連した事業を営んでいる先をターゲットとする傾向が強い。

⑥中小企業のM&Aプロセス

Ｍ＆Ａは法制面、税務面等専門的な知識やノウハウが要求されることから、中小企業が自社単独でＭ＆Ａ手続きを進めることは困難である。また、売り手は売却意図を知られずに手続きを進めたいと考えており、買い手は自身で情報を収集することができない。従って中小企業のＭ＆Ａ取引については多くの場合はＭ＆Ａ仲介機関などのサポートが必要になってくる。そして仲介機関は売り手の情報漏洩の防止に留意しつつ買い手に対しては情報の非対称性を段階的に解消していき成約に結び付けるという役割を果たしている。そのために成約に至る道のりは総じて長く、通常半年から１年程度要すると言われている。ちなみに仲介機関が関与する一般的なＭ＆Ａのプロセスについては以下の通りである（図表Ⅱ－３－１－５）。

⑦中小企業のＭ＆Ａの実態―インタビュー結果の分析

中小企業は自力でＭ＆Ａを行うことが難しい。加えて、古瀬（２０１１）の指摘しているように中小企業オーナー経営者は、Ｍ＆Ａによる企業売却を検討していることを知られたくないため匿名性が確保されていること、つまり面識のない企業との取引を希望し、この点からみても仲介機関の果たす役割は大きい。ここでは中小企業のＭ＆Ａ実務に深く携わっている仲介機関から得られた現場の情報の分析結果について説明する。なお、情報入手先は、大阪商工会議所、東京商工会議所（東京都事業引継ぎ支援センターを含む）、Ｍ＆Ａ仲介専門機関の㈱日本Ｍ＆Ａセンター、㈱ストライクの４機関である。[注24] インタビュー結果の集計・分析については「中小企業のＭ＆Ａ市場に影響を与える要因」、「仲介実務の実態」、「仲介実務のポイント」の３つの視点から取り

(図表Ⅱ－３－１－５)一般的なＭ＆Ａのプロセス

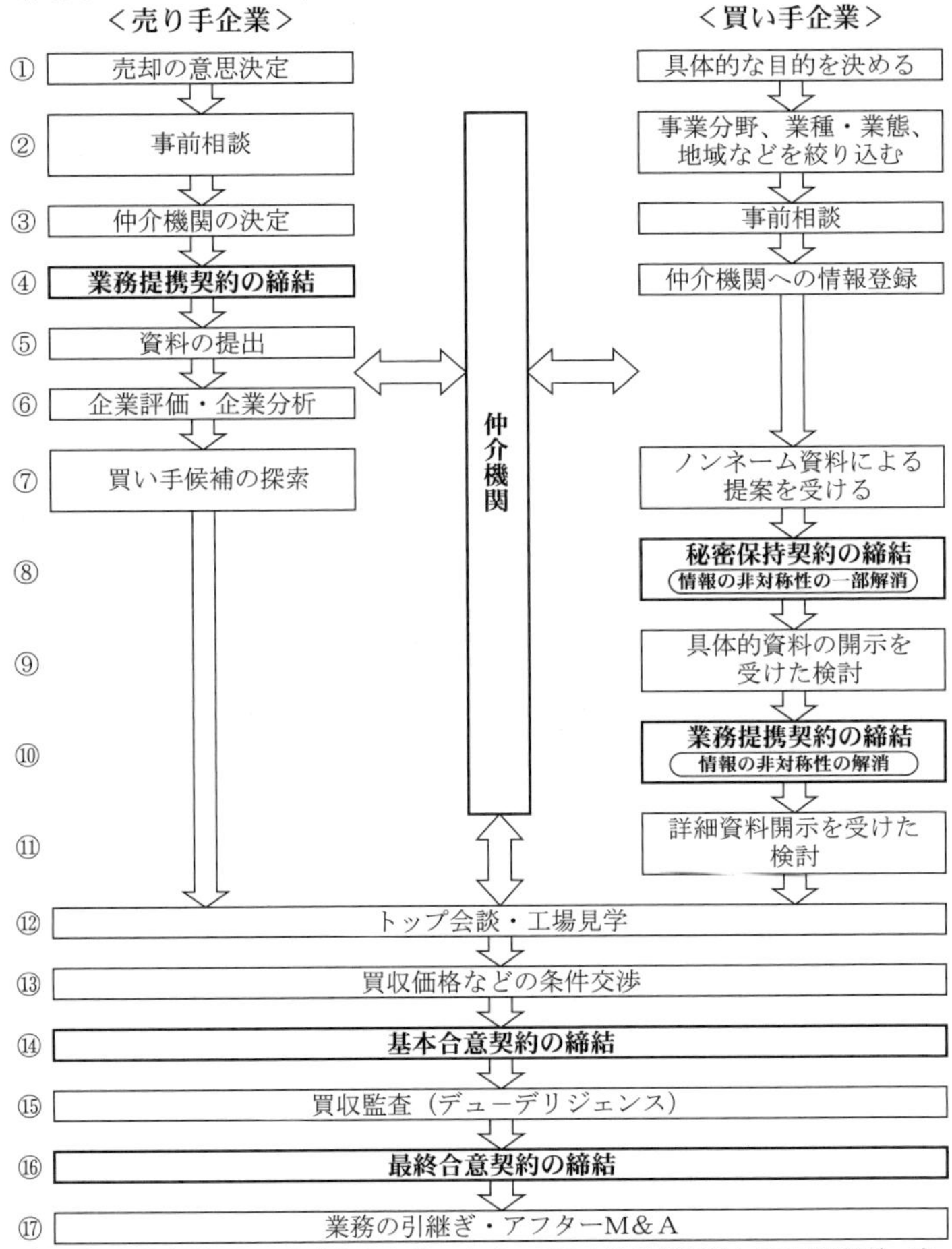

（出所）分林保弘（2011）『中小企業のためのM&A徹底活用法』PHP研究所、東京商工会議所（2011）『M&Aハンドブック』に基づき筆者作成

纏めた。

(中小企業のM&A市場に影響を与える要因)

「中小企業のM&A市場に影響を与えるとみられる要因」を「意識」、「売買ニーズ」、「情報」、「制度」、「インフラ」、「その他」の６つのカテゴリーに分類し整理してみた(図表Ⅱ-３-１-６)。現状中小企業のM&A市場の規模は大きいとはいえないが、その要因の一つとして売り手のM&Aに対するネガティブなイメージや抵抗感が挙げられる(意識)。また、匿名性を重視することから売り情報の提供をためらう傾向があることや〝売り情報と買い情報が分散しておりマッチングのための探索コストがかかる〟(情報)ことなども影響しているとみられる。こうした点がネックとなるためか、〝小規模事業者をサポートする仕組みが整っていない〟等市場のインフラ面の整備が不十分とする意見がやや目に付く。また〝小規模事業者については手数料負担がネックになり仲介機関に繋ぐことが難しい〟(その他)という経済的な理由もあり、M&Aの利用を諦めてしまう中小企業者も多いと推察される。

ただ一方では市場拡大につながる要因もみられる。最近の動きに着目してみると、M&Aや企業売却に対する抵抗感が少し薄らいできている(意識)、中小企業経営者の高齢化により譲渡希望の会社が増える、小規模先も買い取り先のターゲットとなってきている(売買ニーズ)、情報の蓄積は少しづつ進んできている(情報)など今後の変化を感じさせるコメントも少なからずみ

（図表Ⅱ－３－１－６）中小企業のＭ＆Ａ市場に影響を与える要因

カテゴリー	影響	関連コメント	インタビュー先
意識	●	売却先オーナーは後ろめたさを抱えている。これが解消されれば利用は進むように思う。	日本M&Aセンター
	●	売り手のオーナーの意識が変われば利用は進む。会社を売却することについての抵抗感は根強い。ただ、従来に比べると薄らいできている。	ストライク
	○	M&Aに対する抵抗感は少し薄らいできている。	大阪商工会議所
	○	最近の相談者は事前にセミナーに出席するなどM&Aの知識があり､そのメリットに眼を向ける方が増えてきている。ネガティブなイメージは少し減少してきたと感じる。	東京商工会議所
	○	セミナー出席者は増加している。	日本M&Aセンター
売買ニーズ	○	中小企業のM&Aの潜在的なニーズは大きい。	大阪商工会議所
	○	主な売り目的である「後継者不在」は構造的な問題である。	日本M&Aセンター
	○	上場企業からの問い合わせが増えるなど、小規模先も買い取り先のターゲットとなってきている。これは、民間の仲介機関では小規模の売り情報を扱うことが少ないことが理由だと推測する。	東京商工会議所
	○	年商2～3億円程度の小規模事業者からの相談が多い（資本金1億円以下が45%を占める）。	東京商工会議所
	○	本業に直接影響を与える法律が改正されるとM&Aが活発になる（例　介護業界：介護保険法、人材派遣業界：労働者派遣法、タクシー業界：タクシー業務適正化特別措置法など）。	ストライク
	○	中小企業経営者の高齢化により譲渡希望の会社は増える。	ストライク
	△	M&Aは経営課題を解決するための戦略のひとつ。つまり、M&Aに積極的な経営者と消極的な経営者では活用度合いが異なってくる。	ストライク
情報	●	都内には数万社程度の後継者不在企業があると推測しているが、それらの企業の事業引継ぎニーズに合致する相手先はなかなか見つからないことが多い。	東京商工会議所
	●	中小企業は、情報の匿名性を重視することから、安心してM&A情報を預けられるところが少ない。そのため情報は１か所に集中することはなく、いろいろなところに分散している。その結果、売り情報、買い情報のマッチングのための探索コストがかかっていることがネックとなっているように思う。	東京商工会議所
	○	情報の蓄積は少しづつ進んできている。	東京商工会議所
制度	△	制度面のネックは感じない。	大阪商工会議所
	△	制度面は大きな障害になっているとは思わない。	東京商工会議所
	○	税制面を優遇することにより、利用を推進することは可能ではないか。例えば、M&Aの費用について損金に算入できる範囲を拡げるなどは検討の余地があるのではないか。	日本M&Aセンター

（注）●…阻害要因、△…中立要因、○…拡大要因

カテゴリー	影響	関連コメント	インタビュー先
インフラ	●	小規模事業者をサポートする仕組みが整っていない。	ストライク
	●	中小企業者の絡むM&Aは、実務上きめ細やかな対応が必要となり、手間がかかるが、こうした対応のできる仲介機関が少ないことがネックとなっているように思う。	大阪商工会議所
	●	過剰債務であっても事業に魅力にある先についてはもう少しサポートできる仕組みがあればいいと思う。	東京商工会議所
	○	かつてはM&A専門の仲介機関は少なく、その成約件数も少なかったことから、ノウハウの蓄積が進まなかったが、仲介機関の取扱実績の増加とともにM&Aモデルが徐々に形成され、ノウハウの蓄積が進んできているように思う。	東京商工会議所
その他	●	小規模事業者については、手数料負担がネックになり仲介機関に繋ぐことが難しい。	東京商工会議所
	●	中小企業が取り組むMBOの資金調達は難しいことが多い。優良な企業ほど株価が高くなるためより厳しくなる。	東京商工会議所
	●	事業承継ファンドは中堅企業など、ある程度の規模がある企業を対象としており、中小規模の企業は利用が難しいことが多い。	東京商工会議所
	●	事業承継型M&Aにおいて投資ファンドを活用する仕組みが十分に整っていない。	ストライク
	○	MBOは資金調達がネックとなり難しいが、ファンドの活用も考えられる。	日本M&Aセンター

（注）●…阻害要因、△…中立要因、○…拡大要因

られた。「制度」面についてはネックを感じないという意見が多かったが、税制面の優遇があれば利用促進が可能ではないかという意見もあり、「インフラ」面では、仲介機関の取扱実績の増加からノウハウの蓄積が進んできているという意見もあった。

以上まとめると、「情報」、「インフラ」面は阻害要因が多く、「売買ニーズ」面は促進要因、「制度」面は中立要因が多い。「意識」については阻害要因と促進要因がせめぎあっているが、トレンドからみると今後の市場拡大の予兆が感じられる。

（仲介実務の実態）

仲介機関の現場担当者は売り手オーナー経営者の心理的な葛藤が大きいことを斟酌しな

がら、きめ細かな対応を心掛けている様子が窺える（**図表Ⅱ－３－１－７**）。その背景には、「会社・従業員に対するオーナー経営者の感情」、「企業売却に対する社会的な負のイメージ」があると考えられる。併せて売り手に対しては匿名性を確保しつつ、買い手に対しては「情報の非対称性の高さ」という壁を段階的に取り除きながら、最終的には合理的な価格による売買が成立するよう交渉を取りまとめようとする姿勢も窺え、市場取引性の確保についても意識していることが伝わってくる。

（仲介実務のポイント）

仲介機関が重視している「仲介実務のポイント」についてみると、「情報」に関連するものが多かった。これは、中小企業のＭ＆Ａ 情報の蓄積が十分ではなく市場規模が小さい、あるいは情報が分散しているという認識から情報の収集・蓄積とその共有化を重視していることを物語っている。また、コメントの大部分は仲介実務を通じて得られた経験則であり、中小企業のＭ＆Ａ仲介実務は現場の実務経験がモノを言うことが確認できる。

⑧事例

ここでは、インタビュー協力先の仲介機関が公表している資料のなかから、特徴的なＭ＆Ａ成約案件を選び出してみた。概要は以下の通りである（**図表Ⅱ－３－１－８**）。

(図表Ⅱ－３－１－７)中小企業の特殊性、市場取引性と実務の関連

中小企業の特殊性			市場取引性	関連コメント	インタビュー先
会社・従業員に対するオーナー経営者の感情	企業売却に対する社会的な負のイメージ	情報の非対称性の高さ			
○	○			相談者の不安や悩みを受け止めることが大切である。	大阪商工会議所
○	○	○		実務上きめ細やかな対応が必要で、手間がかかる。	大阪商工会議所
○	○	○		M&Aは「経験」が必要で、そのノウハウは人に付随する。	大阪商工会議所
○	○			事業承継の方法や意思が固まっていない場合が多い。親族にすら未だ相談していないケースもある。	東京商工会議所
○	○		○	売却の意思決定のタイミングが難しい。オーナー経営者にとっては、会社の売却は「断絶」であり身を切るように辛いもので、しかも期限は自分で決定しなければならない。そのために時期を逸してしまう場合が多い。	東京商工会議所
○		○	○	「営業権」の評価については、売り手と買い手とディスカッションを繰り返し、摺り合わせを行う。	日本M&Aセンター
○			○	売り手の関心事は、従業員の雇用、取引先との関係、社名の継続、M&Aに係る税金など多岐にわたるが、特に買手の有無と売却価格を気にする傾向が強い。	ストライク
	○			匿名性の確保に留意。	東京商工会議所
	○			売り手のオーナーがM&Aに対して前向きなイメージを持つようになれば利用が進む。	ストライク
	○		○	M&Aに対する抵抗感は少し薄らいできている。	大阪商工会議所
	○			「秘密保持」の問題があり、国の施策としてサポートすることは難しいように思う。	日本M&Aセンター
	○			売却先オーナーは後ろめたさを抱えている。これが解消されれば利用は進むように思う。	日本M&Aセンター
	○			かつては「身売り」の印象が強く、売り手の抵抗が大きかった。	東京商工会議所
	○			地元の商工会議所には相談しにくいということで、上京してくる先もある。	東京商工会議所
		○	○	M&Aで想定されるリスクは当事者間で情報共有しなければならない（必要に応じてM&Aのリスクを把握するために外部の専門家を活用する）	ストライク
			○	成約のポイントは買い手からみて「魅力があるか」どうか。	大阪商工会議所
			○	すべての企業がM&Aで譲渡できるわけではない。業種、取引先、ノウハウ、技術力、収益性など、何らかの魅力がなければ成就しない（M&A専門会社もサポートできない）	ストライク

(注) ○…インタビューコメントと関連があるとみられる要因

(図表Ⅱ－３－１－８)事例の概要

No.	業種		目的	特色等	情報入手先
1	売	電子部品卸売	事業撤退	売り手は年商20百万円、従業員1名の赤字会社ながら、大手家電メーカーとの取引口座有。買い手は売り手の顧客と東京の拠点を取得。	大阪商工会議所
	買	金属部品加工	既存事業の強化(新規顧客獲得、東京の拠点確保)		
2	売	携帯電話のフランチャイズ上記の子会社であるフランチャイジー	業界再編対応(有力先の傘下に入る)	売り手は独立系の一次代理店として黒字経営を続けていたが、上場企業の傘下に入ることで、信用力強化による事業拡大を図る。買い手は移動体通信販売事業に進出。	大阪商工会議所
	買	電気機器、情報通信機器等の販売(上場)	既存事業の強化(新商品の販売)		
3	売	医薬品・医薬部外品・健康食品等の製造販売	業界再編対応(有力先の傘下に入る)	売り手は好業績企業であるが、大規模企業の傘下に入ることで、さらなる収益力の向上と長期的な発展を図る。買い手は健康食品関連分野での新規事業進出。	大阪商工会議所
	買	青汁等の製造販売(成約当時上場)	隣接業種への拡大		
4	売	小売業	事業再編対応	売り手は中部地方で小売業を展開、事業再構築のために子会社を売却。買い手は同地域へ商圏拡大を図る。関東圏M&Aネットワークに参加している他県の商工会議所からの紹介で成約。	東京商工会議所
	買	同上	既存事業の強化(商圏拡大)		
5	売	ソフト製造・販売ゴルフ用品販売	選択と集中	売り手は本業のソフト製造・販売に経営資源を集中。買い手は新規にゴルフ用品販売に進出、その際に現在は取扱のないゴルフウエアの企画開発によるシナジー効果を狙う。	ストライク
	買	繊維、衣服卸	新規事業進出		
6	A	情報セキュリティーシステム	新規事業進出	異なる経営資源を持つ会社が合弁でITエンジニアサービス事業を手掛ける新会社を設立。A社が資金調達を、B社が人材採用、教育研修を担当。	ストライク
	B	ITアウトソーシング、エンジニア派遣	資金調達力強化		

(出所) 大阪商工会議所 (2007)『中堅・中小企業のためのM&Aハンドブック』、東京商工会議所 (2011)『M&Aハンドブック～中堅・中小企業のために～』、㈱ストライク『経営者のためのM&A情報誌SMART』2013年７月号、同社Webサイト等に基づき筆者作成

その目的に注目してみると、売り手については事業承継対策を目的とするものが多いが、それ他にも、業界再編等を見据えて上場先等有力先の傘下に入った案件（Ｎｏ・２、３）や、本業に経営資源を集中するために、ノンコア事業を売却した案件（Ｎｏ・５）がある。一方、買い手については既存事業の強化、商品、顧客、市場・商圏の拡大、隣接業種への拡大、新規事業進出などその目的は多岐にわたっている。Ｎｏ・５については、単純に新規事業に進出するだけではなく、その際に自社の技術を活かした新商品の開発に着手しており、シナジー効果をどこに求めていくかという着眼点は参考になる。また、それぞれの強みを生かして（弱点をカバーするために）合弁会社を設立した案件（Ｎｏ・６）もある。これらは成約案件のなかの一部に過ぎず、実際には事例以外にも様々な用途で活用されているとみられる。このように中小企業にとってもＭ＆Ａの活用についてはいろいろな可能性が考えられる。

⑨今後の見通し

中小企業のＭ＆Ａ市場の規模は大きいとは言えない。また、このところ成約件数は伸び悩んでいる。「意識」、「売買ニーズ」、「情報」といった視点から今後の中小企業のＭ＆Ａ市場の見通しについてみると、「意識」、「売買ニーズ」面から情報提供ニーズは高まる可能性が高い。加えて「意識」面の変化はプロセスの簡素化を可能にし、上記同様事務負担や時間の短縮化が図られるという効果も期待できる（**図表Ⅱ‐３‐１‐９**）。単純に考えると以上のような経路を通じて今後インフラ面の整備が進み市場は拡大していくと考えられるが、果たしてそう簡単に進むのだろうか。

中小企業のM&A市場は仲介機関などのサポートに支えられている。仲介機関は中小企業の特殊性、市場取引性のバランスを確保しながら売り手と買い手の「信頼関係」を醸成していく必要があるために成約に至るまでの道のりは長く、事務手続きの定型化・マニュアル化も難しい。そのために相当なコストと時間を要し、これらが仲介機関の手数料に反映される。これが高いか安いかという議論はさておき(注25)、時間やコストを負担に感じる中小企業が多いのは事実であろう。そのために「意識」や「売買ニーズ」面での変化を受けてM&A活用のニーズが高まってきたとしても、少なからぬ中小企業は仲介の依頼をためらってしまうために実際にはなかなか「情報」の提供・蓄積までに

(図表Ⅱ－3－1－9）中小企業のM&A市場拡大の経路（イメージ）

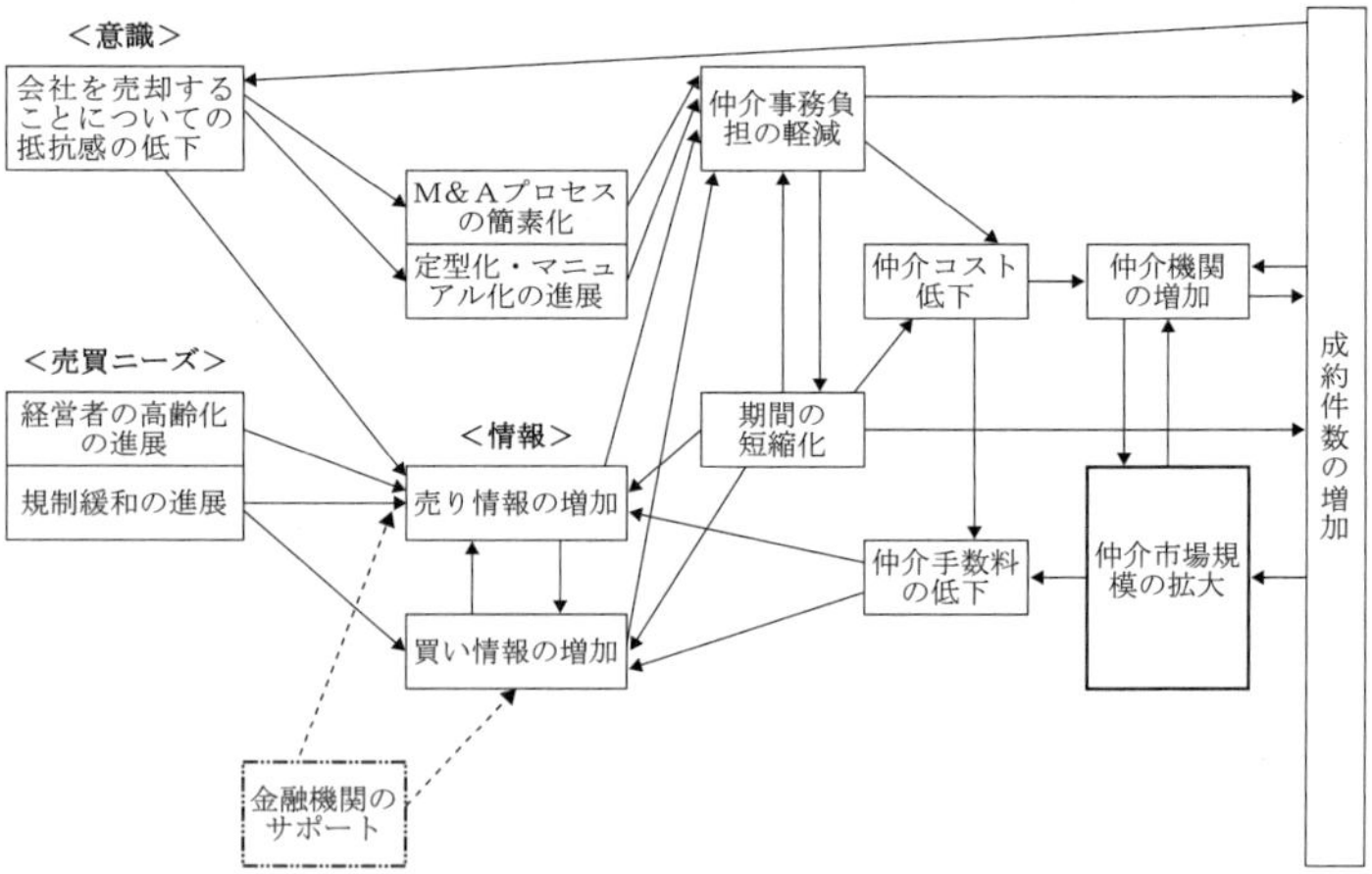

至らないと推察される。市場拡大に向けては中小企業者からの情報提供を待つだけではなく、Ｍ＆Ａ市場関係者によるこうした隘路の克服、潜在ニーズを顕在化させていく工夫が求められる。事業承継に係る政策面の支援についても、相続税や贈与税の猶予等「親族内」承継に対する支援については強化が進められてきているが、「親族外」承継を円滑に推進していくための支援については相談業務が中心で未だ十分に効果が表れるレベルには至っていない。

こうしたなか最近では一部の仲介機関で事務手続きの簡素化により手数料負担の軽減化を図ることで、中小企業のＭ＆Ａニーズを掘り起こそうとする新たな動きがみられる。例示すると、公的機関では、大阪商工会議所は既存の「Ｍ＆Ａ市場」とは別に、小規模なＭ＆Ａニーズを支援するための簡易な仕組み・安価な料金体系による「スモールＭ＆Ａ市場」を創設した[注26]。また、東京都事業引継ぎ支援センターは、手数料負担が困難である等の理由で民間の仲介機関に紹介することが難しい小規模先等については、センター自身で売買情報のマッチングを行い、成約に向けての相談・フォローを開始した。民間の仲介機関では、㈱日本Ｍ＆Ａセンターが年商１億円以下の企業の事業引継ぎのための「〝どこでも事業引継ぎ〟サポートシステム」を構築した。また、基本合意の締結に至るまで、手数料不要とする仲介機関も出てきている[注27]。

中小企業の潜在的なニーズは大きいことからこうした動きが隘路の解消に結び付き、市場拡大の導火線になることを期待したい。特に、資金力の十分でない小規模企業向けのＭ＆Ａメニューについてはまだまだ工夫の余地が大きいように思われる。

ちなみに地域金融機関においても、このところ顧客企業に対するコンサルティング機能の強化の一環としてM&A仲介業務を積極化する動きが拡がってきている。勿論専門の仲介機関のようなフルサポートは難しい場合も多いと思われるものの「情報」面ではその役割が大いに期待される。なお、当然ながら金融機関を含めたM&A市場関係者にとっても、市場拡大はさまざまなビジネスチャンスを生むことになりそのメリットは大きい。

(3) むすび

M&Aに係る法制面等の環境整備は進んでおり、競争力強化を図るために事業再編を推し進める大企業を中心にM&Aを戦略的に活用しようとする動きが定着してきている。ただ中小企業についてみると、実務上の問題や中小企業の特殊性の問題がM&A市場の拡大を妨げているものと推察される。しかし、中小企業の「事業承継」問題が注目を集めるなか、最近では一部の仲介機関では中小企業事業者の負担を軽減するメニューを追加するなど、M&Aのターゲット層を拡大しようとする新たな動きがみられるようになってきた。

中小企業の「事業承継」を円滑に進めていくことはわが国経済にとっての大きな課題であり、そのためにM&Aの積極的な活用を図ることについて異論はない。ただ、事例でもみられるように中小企業にとってもM&Aの活用用途は広く、様々な可能性がある。中小企業も視野を拡げて「事業承継」問題の解決以外にもM&Aを戦略的に活用することを検討してみてはどうだろうか。

2 ベンチャー投資の現状と課題

日本のＩＰＯ（Initial Public Offering：新規株式公開）マーケットは、２０００年代半ばまでに比べると低調な推移がなお続いている。２０１４年６月に政府が公表した『日本再興戦略』改訂２０１４－未来への挑戦－」（以下では、「改訂再興戦略」と言う）でも「…、ベンチャー投資・創業、…に対して、現在、銀行等では供給が十分でない、長期を含めた民間資金の供給を促進する必要がある」としている。こうした観点からも、イノベーションの担い手であるベンチャー企業（以下では、「ＶＢ」と言う）に対するファイナンス、すなわち「ベンチャー・ファイナンス」[注28]の円滑化が不可欠であることが分かる。

本節では、ベンチャー・ファイナンスの中核であるベンチャーキャピタル（以下、「ＶＣ」と言う）[注29]の投資の現状と課題について、米国、特にシリコンバレーのＶＢ、ＶＣの状況との比較を基に、日本のベンチャーキャピタル投資の分析を行う。[注30]

(1) ＶＢ・ＶＣの役割

① ＶＢの役割

経済産業省の「ベンチャー企業の創出・成長に関する研究会」が２００８年４月に公表した『最

終報告書〜ベンチャー企業の創出・成長で日本経済のイノベーションを〜』では、「ベンチャー企業」を「新しい技術、新しいビジネスモデルを中核とする新規事業により、急速な成長を目指す新興企業」と定義し、「革新的な技術や独創的なビジネスモデルを生み出す原動力として、日本経済全体のイノベーションの重要な源泉の一つ」であり、「雇用創出の源としても重要である」と指摘している。

日本が欧米先進諸国への経済面でのキャッチ・アップを終えたため、独力でイノベーションを起こし経済成長のフロンティアを切り拓かなければならないと言われて久しい。「失われた10年（あるいは、20年）」と言われる日本経済の長期的な停滞傾向からの脱却のためにも、イノベーションの担い手としてのＶＢの役割は従来以上に高まっていると言える。

なぜならば、ＶＢを代表とする「起業」の活発化が経済成長や雇用の増加、端的にいうと特に当面人口減少が不可避であるわが国経済の活力の維持にとって重要だからである。

ここで、「起業家精神に関する調査　(Global Entrepreneurship Monitor：以下、ＧＥＭ)」の２０１３年調査の結果を基に、日本での「起業」に対する意識を国際比較によって概観しておこう。

ＧＥＭは、起業活動の実態把握・国際比較等を目指す米英の大学の研究者達のプロジェクトチームが実施する年次調査である。[注31] 最も注目される調査項目は、起業活動率（Total early–stage Entrepreneurial Activity：以下、ＴＥＡ)、即ち、起業活動中の者（準備中または創業後3年半以内の者）の調査対象者に占める比率である（図表Ⅱ-３-２-１）。日本は２０１３年には71ヵ国中で２番目に低い３・７％であった。ＴＥＡについては、２００１年から２０１３年までの13年間で、５回が最下位（２００１、２００２、２００４、２００９、２０１２年）、ワースト３入りが10回（最下位の年と２００３、２００５、２００６、２０１０、２０１３年）となっている。また、他の調査項目は以下のようになっている。

（ａ）起業家という職業選択を望ましいと回答した比率は２０１２年まで９年連続で最下位を記録し、２０１３年はプエルトリコに次ぐワースト２位（31％）。したがって、先進国の中では10年連続で最下位。

（ｂ）起業家の社会的地位が高いと回答した比率は、２０１３年に全調査対象国の中でワースト７位（同：53％）。ただし、ＯＥＣＤ加盟国の中では、２００６年から２０１２年まで連続してワースト２位以内に入っていた（２０１３年はワースト４位）。

（ｃ）居住地域に良い起業の機会があると思うと回答した比率は４年連続で最下位（２０１３年：８％）。２００１年以降の13年間で最下位が９回（ＯＥＣＤ加盟国の中ではワースト２位以内が12回）。

（ｄ）自分が経営能力を有しているとする比率も最下位（２０１３年：13％）。２００１年以降の13年間で最下位が12回。２００７年はロシアが最下位、日本がワースト２位。したがって、

（図表Ⅱ－３－２－１）国別の起業活動率（TEA）（2013年）（ワースト50）

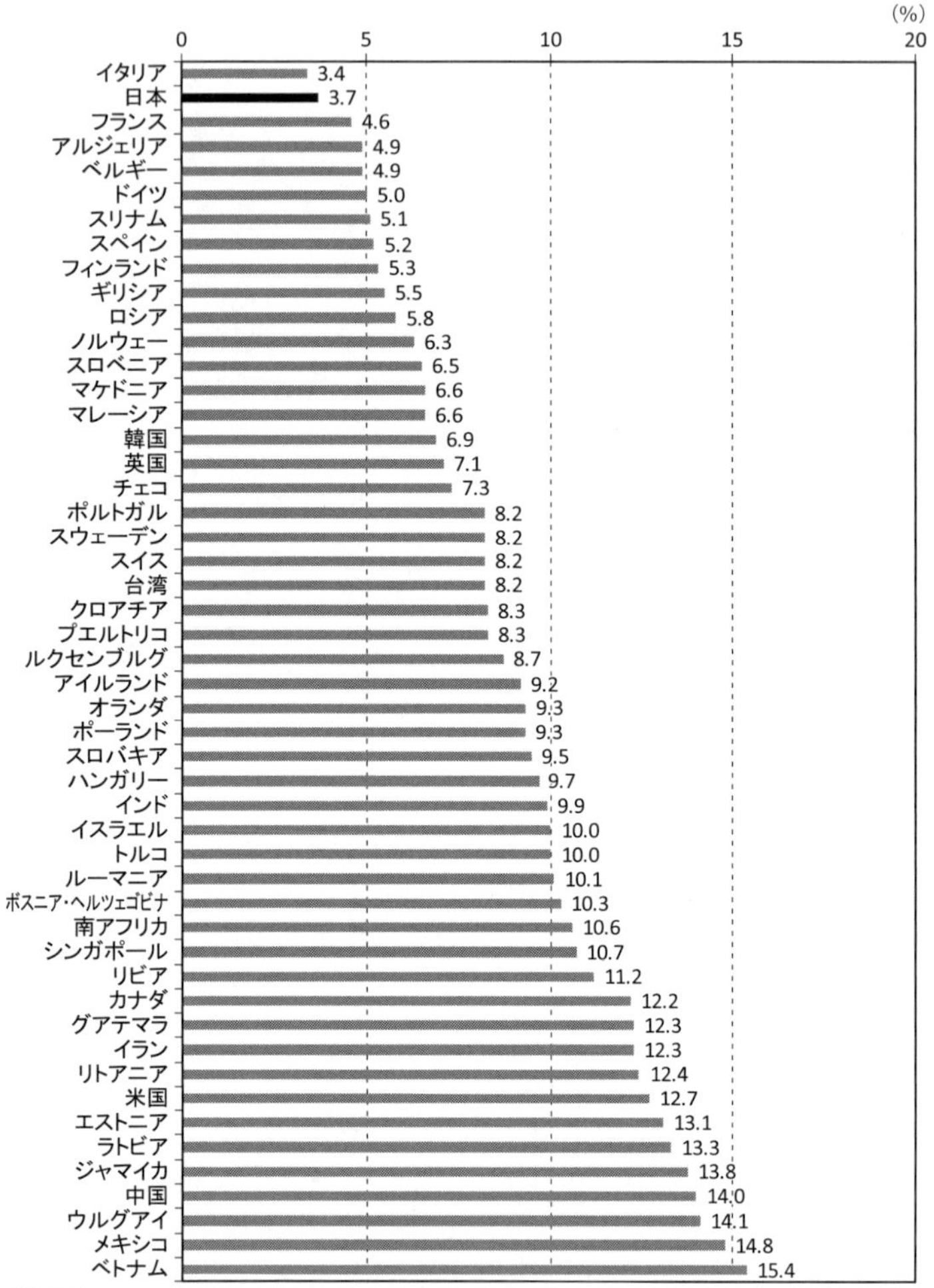

（資料） The Global Entrepreneurship Monitor（GEM）Web

ＯＥＣＤ加盟国の中では13年連続で最下位。

以上から、日本人の「起業」観が世界的にみても、あるいは先進国の中でみても低調・消極的なことが分かり、低水準のＴＥＡも不思議ではないと言わざるを得ない。日本では、１９８０年代半ば以降廃業率が開業率を上回る開・廃業率の逆転が続いている。この要因としては、(ⅰ)人口減少予測による市場の縮小見込み、(ⅱ)近隣新興国からの輸入増による競争激化、(ⅲ)上記(ⅰ)、(ⅱ)により、売上げが伸びにくいこと(小売業に関しては、郊外型大規模小売店との競争激化による中心市街地の空洞化も影響しているだろう)、(ⅳ)事業承継の不活発さなどが考えられる。端的に言うと、市場の縮小と海外・大手との競争で売上が伸びないので、開業を躊躇する、あるいは後継者が見つからず廃業に追い込まれるということであり、ＴＥＡやＧＥＭの他の調査項目が世界最低レベルにとどまっていることとも概ね符合する。また、「(a)起業家という職業選択」、「(b)起業家の社会的地位」、「(d)経営能力」の結果は、経済・経営一般、あるいは「事業」の意義と実際についての学習が教育機関で十分に制度化されず、国民に浸透していなかったことも一因とみられる。

こうしたこともあり、日本ではリターン(ここでは、金銭的収益だけでなく社会的地位・評判から得られる満足も含める)との兼ね合いでみると、(特に、大企業の従業員として働く場合と比べて)「起業」のリスクが、例えば高度成長期よりも高まっているとの認識が多くの国民に暗黙の内に浸透しているものと思われる。日米のベンチャービジネスに精通した実務家の「戦後、……多くの日本企業がベンチャー・スピリットを発揮したことは間違いない。…現在のリスク回避的な性向は日本固有の文化によるものではなく、個性を尊重しない教育等の環境の問題である」[注32]（傍点筆者）という指摘と考え併せると、日本人は元来リスク回避的なのではなく、外部環境の変化への諸制度の適応不全によって高まったリスクに対して限定合理的に反応していると言いうる。

このような現状を打開するためには、起業のリスクを引き下げ、起業活動を先導するイノベーティブなＶＢの輩出を促進する環境の整備が急務である。別けても、ＶＢにとっては事業活動に必要な資金の調達が死活的に重要である。

②ＶＣの役割

ＶＢに対してリスクマネーを供給する主たるプレーヤーがＶＣである。

宍戸＝ＶＬＦ（２０１０）[注33]では、ＶＣがＶＢへの投資を通じて果たすべき役割について、「『イノベーション創造』や『雇用機会の創出』という大義名分はありますが、ＶＣが運用するファンド（基金）に資金を提供する投資家にとって、ＶＣが全うすべき任は、投資リスクを抑えながら投資リターンを最大化すること」に尽きるとする。

具体的には、ＶＣの目的は、「有望ベンチャー企業を……発掘し、投資候補として厳しく吟味し、投資後に育成し、最終的に株式公開もしくはＭ＆Ａをさせる」ことである。なお、ＶＢが活発に活動している米国のシリコンバレーで標準的なＶＣ投資のスキームをみると、機関投資家等から出資を受けて組成されたベンチャーキャピタルファンドが通常20社程度のＶＢに出資する。ベンチャーキャピタリストがジェネラル・パートナーとしてファンドを運営し、リミテッド・パートナーである機関投資家等はジェネラル・パートナーに大きな裁量権を委ね、ファンドからの収益の分配を受ける。また、ＶＣ会社自身がＶＢにプライベート・エクイティ投資を行う場合もある。

(2) ＶＢ・ＶＣとシリコンバレー・システム

ここでは、ＶＢとＶＣの関係の特色を同族会社と比較し、然る後にＶＢとＶＣの関係構築が円滑に行われている米国のシリコンバレーの仕組み（シリコンバレー・システム）の特徴を概括する（注34）。

① ＶＢとＶＣの関係の特色

非公開企業の多くは、いわゆる「オーナー経営者」が経営する同族会社であり、所有と経営が分離していないため、エージェンシー問題（株主と経営者の利害の対立）は発生しない。一方、ＶＢを非公開企業の一つのタイプとして見ると、資本の拠出者であるＶＣと、労働力の提供者である起業家（以降では、「経営者」を「起業家」と呼ぶ場合があり、両者を区別しないで用いる）を中心とする創業者グループ（このグループが経営する企業がＶＢである）という明瞭な対比が描ける（所有と経営の分離）。また、ＶＢとＶＣの関係の特徴は、両者が、短期間のうちにＩＰＯの達成という共通の目標を有していることである。これは、両者がともに、ストック・オプションないし株式によって、上場時の値上がり益を享受したいとのインセンティブを有していることによる。

このように、株主（ＶＣ）と経営者（起業家）の関係だけを部分的に見ると、ＶＢは非公開企業であるが、同族会社とは大きく異なっている。

②シリコンバレー・システム

以上のような、ＶＢとＶＣの関係を適切に調整し、経済全体の成長にまで好影響をもたらしていると言われるのが、米国のシリコンバレーのシステムである。ここでは、「シリコンバレー・システム」を、シリコンバレーにおけるＶＢとＶＣの関係にその周囲の大学や法律事務所等を含めた一種の生態系（ベンチャー・ハビタット（venture habitat））として捉え、その含意を示す。以下ではまずシリコンバレー・システムの全体像について述べ、次にＶＢとＶＣの契約と段階的投資について述べることとする。

シリコンバレー・システムは、機関投資家、ベンチャーキャピタリスト、起業家によって構成され、ベンチャーキャピタルファンドの単なる集合ではない。様々なプレーヤーが、各々の役割を果たすことによって、革新的な事業を行うＶＢを継続的に再生産する生態系、つまり「ベンチャー・ハビタット」として機能している。

第一に、シリコンバレーの中心に位置するスタンフォード大学やこの地域に隣接するカリフォルニア大学バークレー校などの有力大学が、人材と技術の輩出者として重要な役割を果たしている。具体的には、これらの大学は特に基礎研究を担い、開発した技術を積極的に産業界にライセンスすることによって、多額のロイヤリティー収入を得ている。人材の面でも、学生がＶＢを起こすほか、教授も起業家となる。また、成功した起業家が大学で教えたり、インターンシップを提供するなど、大学と産業界との人材の相互流動化が行われている。

第二に、元ベンチャーの大企業が、シナジーを生むプロデューサーの役割を果たしている。とりわけ、シスコ・システムズのＡ＆Ｄ（acquisition & development）戦略は有名で、技術を持つＶＢを買収して育てることで急拡大した。この戦略は、起業家に対してＭ＆Ａというエグジットを提供するという意味も持つ。

第三に、シリコンバレーにおいては、法律事務所が重要な役割を果たしている。法律事務所は、単なる法律上の助言を提供するだけでなく、起業家とベンチャーキャピタリストの間にあって、仲介者ないし調停者の役割も担い、レピュテーション・ネットワークの一つの要となっている。

そして、何よりも、流動的労働市場と豊富な人材プールの存在が、シリコンバレー・システムを円滑に機能させる鍵となっている。ベンチャーキャピタリストが創業者に代わる経営者の候補を探す場合にも、人材プールの中から選択でき、経営者や技術者が、能力があるにもかかわらず解雇されたとしても、次の就職先を探すのは容易である。

こうした環境の中で、ＶＣは機関投資家から資金を集めて、それを複数のＶＢに投資するが、それは単なる分散投資ではない。ベンチャーキャピタリストは、役員の派遣、ＶＢへの経営幹部の紹介、取引先の紹介などの各種のアドバイス、あるいは、コンサルティングを積極的に実施してＶＢの付加価値を高める活動を行うことによって投資リスクを引き下げようとしている（このような投資手法を「ハンズ・オン投資」という。反対に、付加価値を高める活動をほとんどしない手法を「ハンズ・オフ投資」という）。

シリコンバレー・システムのプレーヤーにとって、自らの評判を高めることが最重要課題とされており、ＶＢ間での競争は熾烈であるが、同時に、プレーヤー間の情報の共有も盛んに行われている。これによって、効率的な産業集積が起き、ＩＴ産業を始めとする革新的な企業の輩出が継続的に行われている。

なお、スタンフォード大学の研究によると、最適なベンチャー・ハビタットには10の特性が備わっている（ⅰ）ゲームのルールの有利性（法制度、資本市場のルール等）、（ⅱ）高度な知識の集積、（ⅲ）質が高く、流動性のある労働力、（ⅳ）実力主義・結果主義的文化、（ⅴ）リスク・テイクに対する賞賛と失敗に対する寛容性、（ⅵ）オープンなビジネス環境、（ⅶ）産業界に対して働きかけを行う大学・研究機関、(viii) 企業、政府、非営利組織のコラボレーション、(ix) 質の高いコミュニティ、(x) ＶＢのためのインフラストラクチャー）。

次に、ＶＢとＶＣの契約と段階的投資についてであるが、シリコンバレーでは、起業家によるＶＢの経営を規律付けるために、ＶＣが例えば取締役の過半数を取得して、経営者を解任できるようにしておく、あるいは、種類株式を用いた段階的投資（staged financing）によって実質的な支配を握る。一般的なエージェンシー問題（ＶＢの経営者による資金の無駄遣い、私的利益の優先、ＩＰＯへの躊躇等を原因とする経営者と株主であるＶＣの利害の対立）から発する不安に対しても、ＶＣは主に段階的投資によって対処している。すなわち、ＶＣはＶＢが当面必要な資金だけを小出しに出資する。あらかじめ定められた目標をクリアできないと次の投資を得られないので、起業家は、怠けたり無駄遣いをしている余裕はない。また、ＶＣは取締役会に参加して起業家の仕事振りを監視し、最終的には、経営者を解任できる権限を握っている。起業家や重要な従業員（以下では、「起業家等」という）が退職するリスクに対しては、ＶＣはストック・オプション等の付与によって対処している。すなわち、将来の労務の提供を見返りに、株式やストック・オプションを取得した起業家等の権利が、一年間在籍することで全体の25パーセントずつ確定していくといった、段階的確定のプロセスを経なければならない。

事業清算時の残余財産の分配に関しては、ＶＣに優先権があり、清算所得に残余があった場合のみ、普通株主である起業家等に分配される。つまり、ストック・オプションという形で労務の提供を評価して持分を与える反面、事業が成功しなければ、起業家等は何も得るところがない。一般に、ＩＰＯに至るまでに、三回から五回ぐらいの回数で増資が行われると言われており、ＶＣも複数が参入して、シンジケートを形成する過程で各回の出資者を代表する、少なくとも一人の取締役がボードに参加するのが普通である。つまり、ＶＣによる追加出資の取りやめの可能性等をけん制とする段階的投資のプロセスを通じて起業家（＝ＶＢ）をモニタリングすることが重視されているのである。

(3) ＶＣの動向・特徴[注35]

以上のようなシリコンバレーに代表される米国のＶＢ・ＶＣ間の関係を踏まえて、本節前半では、各種の調査・統計を基にＶＣの動向の国際比較を行い、後半では日本のＶＣ投資の特徴について概観する。

①国際比較にみるＶＣの動向

ここでは、ＶＣ投資の規模、ＶＣファンドへの出資者、エグジットとしてのＩＰＯについてみる。まず、日米欧のＶＣ投資をみると、米国・欧州ともに日本を大きく上回っている（**図表Ⅱ-3-2-2**）。

これは、日本ではＶＣの投資先がサービス業や小売業など、内需型の非製造業の企業が相対的に多く、こうした業種に属するＶＢでは、世界中への事業展開を早い段階から構想すると言われるシリコンバレーのハイテクＶＢなどと比べると、必要とする資金の量が少ないためと考えられている。

次にファンドへの出資者をみると、年金基金の比率が日本では世界的にみると低く、年金資金の拡大の成否が重要性を帯びると思われる（**図表Ⅱ-３-２-３**）。

最後にエグジットとしてのＩＰＯであるが、日本では、ベンチャーファイナンスのための株式市場として、東証マ

（図表Ⅱ－３－２－２）日米欧ベンチャーキャピタルの年間投資金額

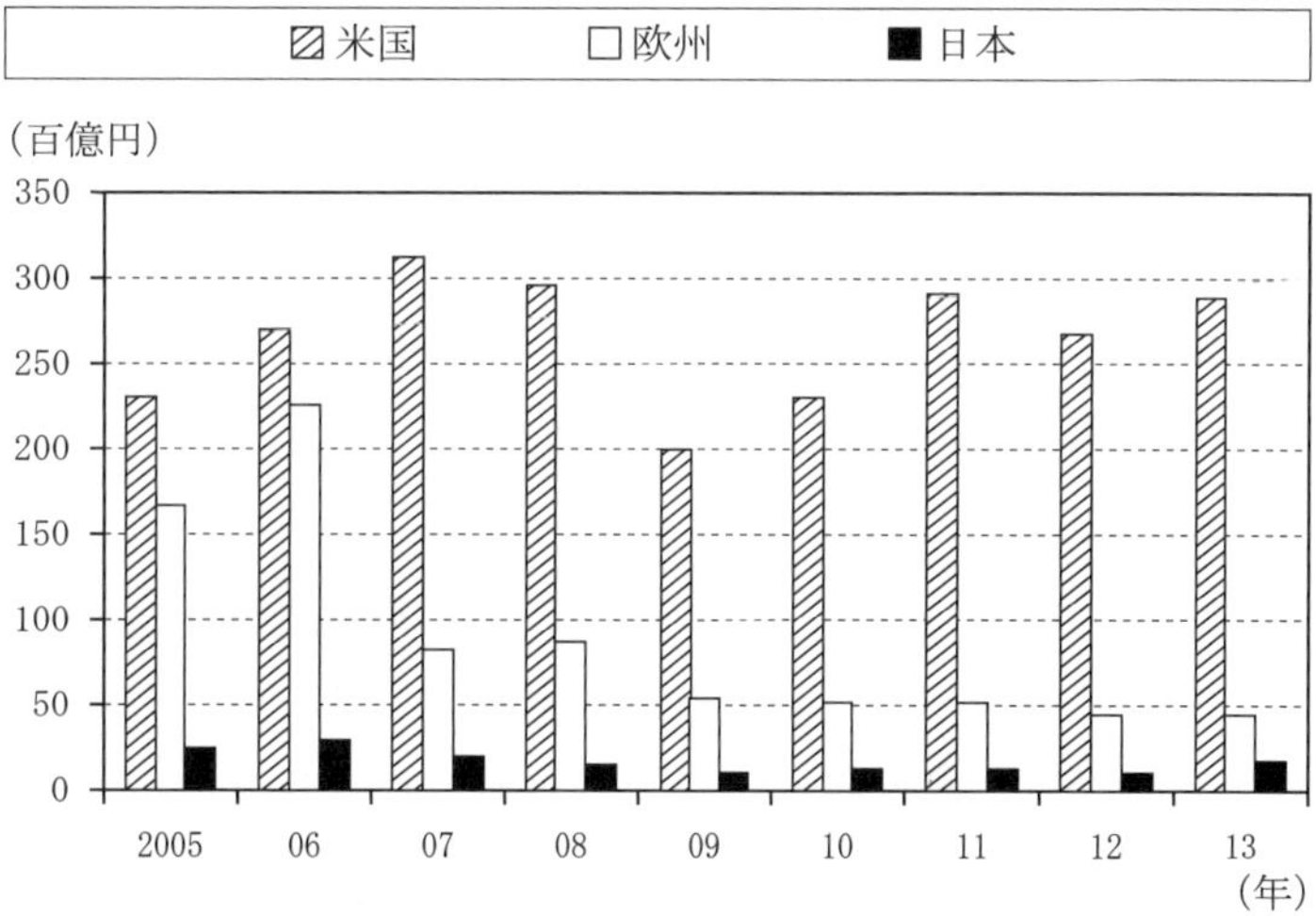

（注）・欧・米は暦年（１月～12月）、日本は４月～翌年３月
・日・米・欧ともVC投資のみであり、再生・バイアウト投資は含まない
・日本は融資を含む
・米国は米国内への投資であり、日本・欧州は外国への投資も含む

（資料）米国はNVCA Web、NVCA YEARBOOK2014（１＄＝97.6円（2013年平均）換算）、欧州はEVCA Web2014 EVCA Yearbook（１ユーロ＝129.6円（同）換算）、日本はVECWeb、「ベンチャーキャピタル等投資動向調査報告」各年版

ザーズやナスダック・ジャパン（２００２年12月に大証へラクレスに名称変更され、２０１０年10月にジャスダックに統合された）等、ＶＢが株式を公開しやすい新興市場が創設された。一時、これらの新興市場等での上場が増加したが、ライブドア、村上ファンドによる新興市場や市場外取引を利用した不透明な行為の表面化等を契機に新興市場での株式公開はピークアウトし、２００８年のリーマンショック・国際金融危機の影響も加わり激減した。そ

（図表Ⅱ－３－２－３）ベンチャーキャピタルファンドへの出資者比較

（構成比：％）

No.	出資者の類型	日本	世界
①	無限責任組合員及び業務執行組合員	16.1	2.3
②	個人・親族、個人的資産管理会社	1.7	16.7
③	他のVC、ファンドオブファンズ	4.6	16.6
④	事業法人	15.6	2.2
⑤	銀行等預金金融機関、証券会社、投資顧問会社	33.2	3.8
⑥	保険会社	12.4	6.3
⑦	年金基金	2.0	33.0
⑧	政府地方公共団体（年金以外）	10.8	7.0
⑨	大学学術団体、基金・財団	0.5	9.6
⑩	その他	3.1	2.5
	合計	100.0	100.0

（資料）VEC「2013年度ベンチャービジネスに関する年次報告」
（注）・日本は1982年から2013年までに設立された、ＶＣファンド516本が集計対象。世界との比較のため一部の区分を統合
・日本の「⑩その他」は、100から①～⑨の合計を控除して算出
・世界は2012年末の数値（出所：Dow Jones）。日本との比較のため、一部の区分を統合

の後、ＩＰＯ社数は緩やかに回復し、新興市場合計でみると、２０１３年にようやく２００８年並みの水準を回復したが、ピークである２００６年の約４分の１となっている（**図表Ⅱ－３－２－４**）。

欧米の新規公開会社数をみても、やはりリーマンショックのあった２００８年に激減している。しかし、欧米では２００９年までには下げ止まった。米国では総じて回復傾向が続き、２０１３年には３００社を超えた２００７年には及ばないものの、２００４～２００６年並みの社数を回復した（２００７年の約

（図表Ⅱ－３－２－４）日本の新興市場での新規公開会社数

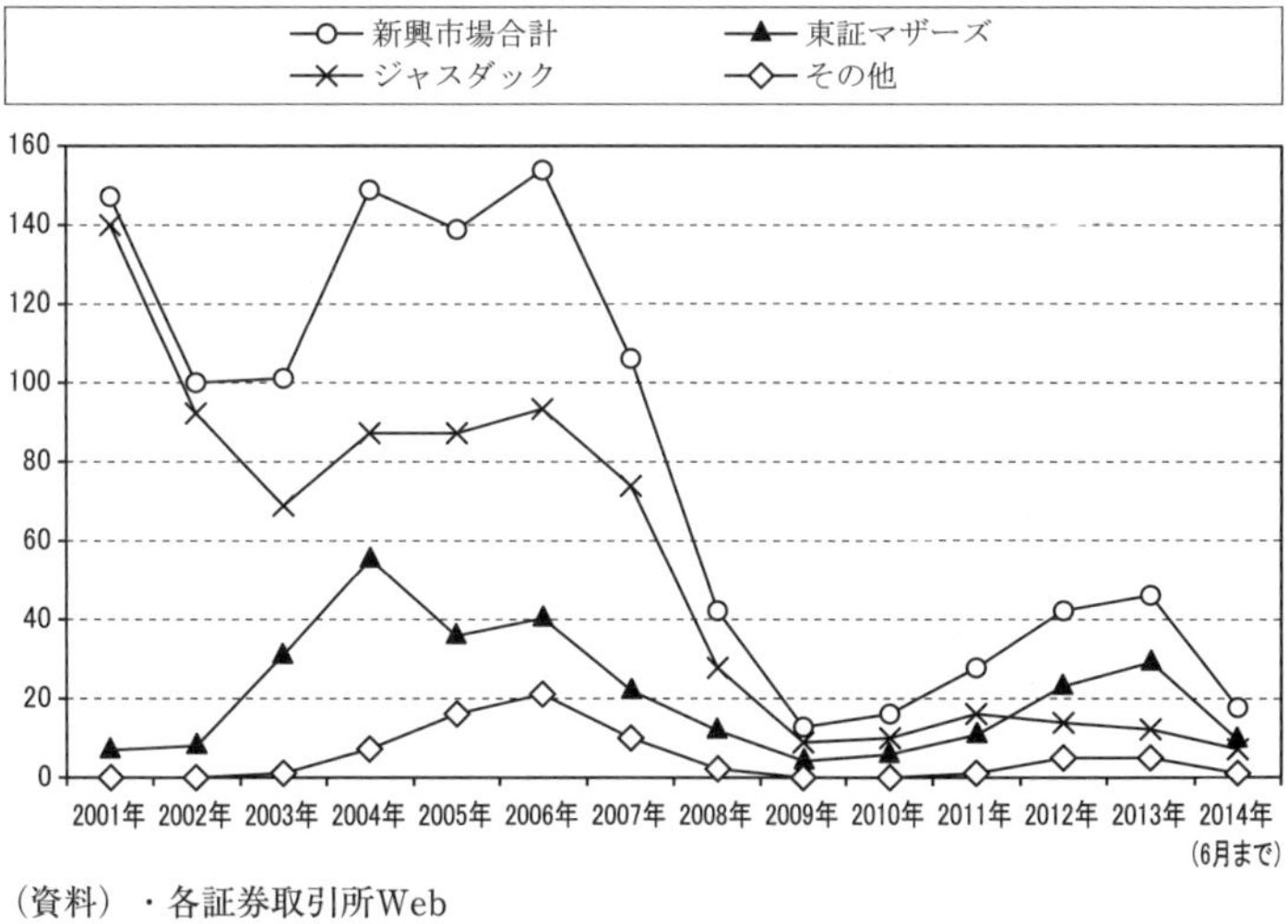

（資料）・各証券取引所Web
・NJI新興市場最新情報（新興市場専門の株式投資情報サイト）Web

（注）・新興市場合計はジャスダック、東証マザーズ、その他合計
・ジャスダックには、旧NEOと旧ヘラクレスを含む（NEOとヘラクレスは2010年10月2日以降、ジャスダックに統合されている）
・その他は、①セントレックス、②アンビシャス、③Q-Board、④TOKYO PRO Market（2012年７月1日以降。それ以前は旧AIMを含む）の合計

8割）。一方、欧州では2011年に400社を超え、ピーク（2006年）の2分の1を超える水準までの公開会社数が回復したが、その後域内で経済危機が深刻化したこともあり、2012、13年と連続して減少し、300社を下回った[注36]（**図表Ⅱ-3-2-5**）。

ただ、投資金額と同様に、日本のIPOの社数は欧米に比べて少ない状態は歴然としており、リーマンショック前のピークと比べた相対的な件数をみても、日本は、米国、欧州よりも少な

（図表Ⅱ－3－2－5）欧米の新規公開会社数

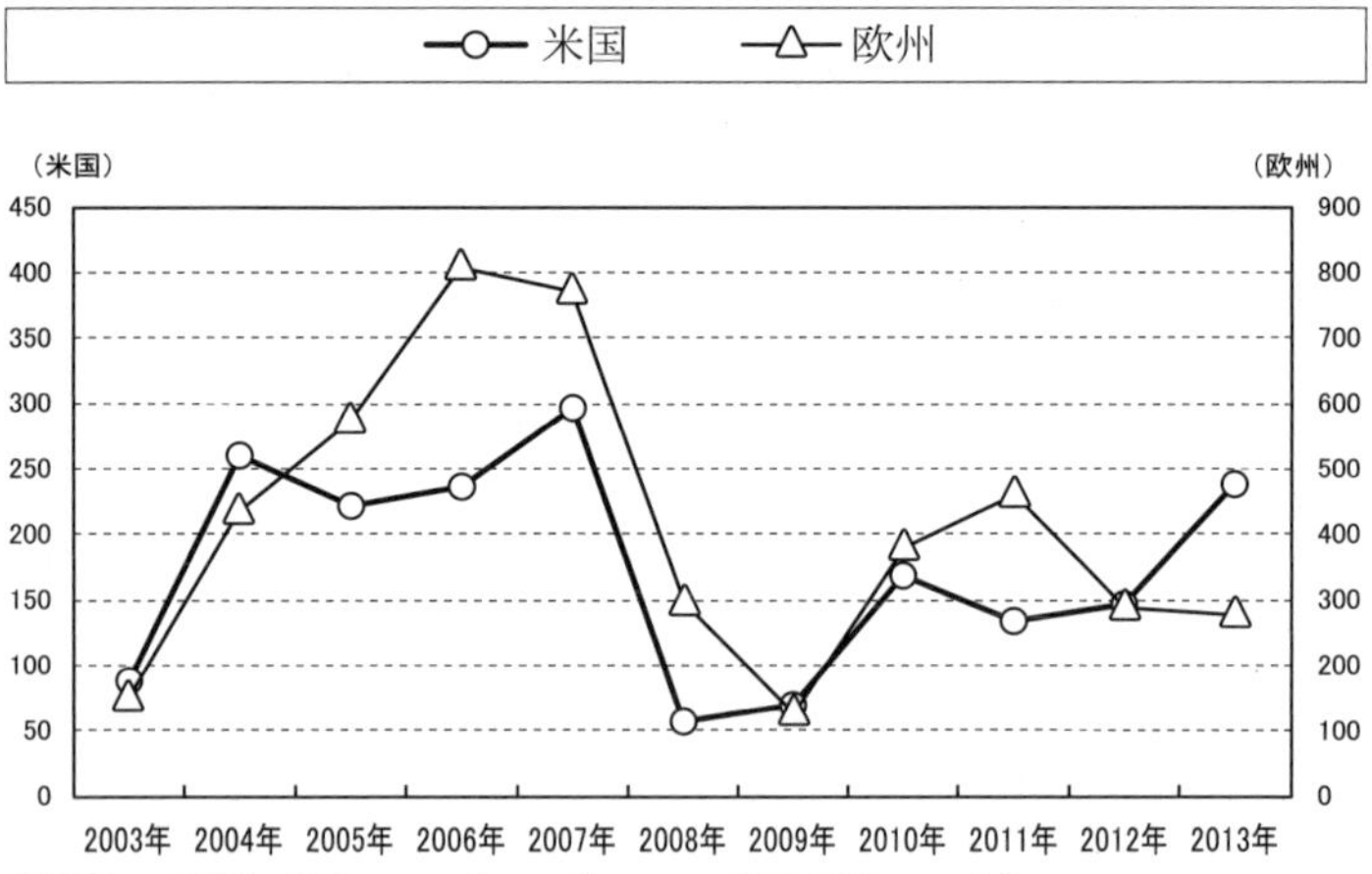

（資料）・米国：PricewaterhouseCoopers：“US IPO watch”
・欧州：PricewaterhouseCoopers：“IPO watch Europe”

（注）・米国はNASDAQの合計（2010年1－6月では、NYSEが36、NASDAQが30）。非米国籍企業のIPOを含む（201年1－6月では、米国籍が49、非米国籍が17）
・欧州は同一交換所ないでの市場間移動、リバース、テークオーバー（未上場会社による上場会の買収）、greenshoe offerings（グリーンシューオプション：オーバーアロットメント（※）の実施に際して、引受会社が発行会社等から、追加必要分を予め設定した行使価格で買い受ける権利）による売出）等を除く
（※）需要量が当初予定の売出数を超過する場合の株式の追加売出し

く、回復力の鈍さが窺われている。

②日本のＶＣ投資の現状

ここでは、ＶＢのステージ、投資先の地域分布、ＶＣ投資の収益性などについてみていく。まず開始年別のＶＣファンドの投資先企業の重点ステージをみると、２０００年以降、アーリー・ステージに特化したＶＣファンドが増加傾向を示したが、２００６年のライブドア、村上ファンド等による新興市場や市場外取引を利用した不透明な行為の表面化等を契機にＩＰＯが低迷し、リーマンショックが追い討ちをかけたこともあり、近年はアーリー特化型のファンドは激減している。近年は、バランス型のファンドが散見されており、ＶＣファンドはアーリー・ステージへの投資を手控えて、バランス型への投資を通じてレーターステージ等の、アーリーよりも段階の進んだ企業への投資にシフトしている模様である（**図表Ⅱ‐３‐２‐６**）。

次にＶＣ投資の投資先の地域分布をみると、関東で社数の構成比が40％近辺での推移が続いており、金額の構成比についても２０１２年3月末までは40％内外で推移していたが、２０１３年3月末には31・2％に低下した。関東の中では、特に東京都が大宗を占めており、大学発ベンチャーの成長等による地域分散が課題となると思われる。

一方、日本国内と海外を比較すると、社数の構成比は日本国内が２００９年3月末から２０１3年3月末まで8割超、海外が2割未満で推移している。しかし、金額の構成比をみると、海外は２００９年３月末には23・０％であったが、２０１３年３月末には30・５％に上昇した。特に、アジア・太平洋地域が11・３％から19・２％に上昇している。これは、海外での１社当たりの投資金額が急増していることによる。具体的には、２００９年３月末には１９４・０百万円だったが、２０１３年３月末には２７４・６百万円に増加している（アジア・太平洋地域：２３５・５百万円→２９７・９百万円）。ここから、日本のＶＣは急速にアジアを

（図表Ⅱ－３－２－６）重点ステージ別ファンド数

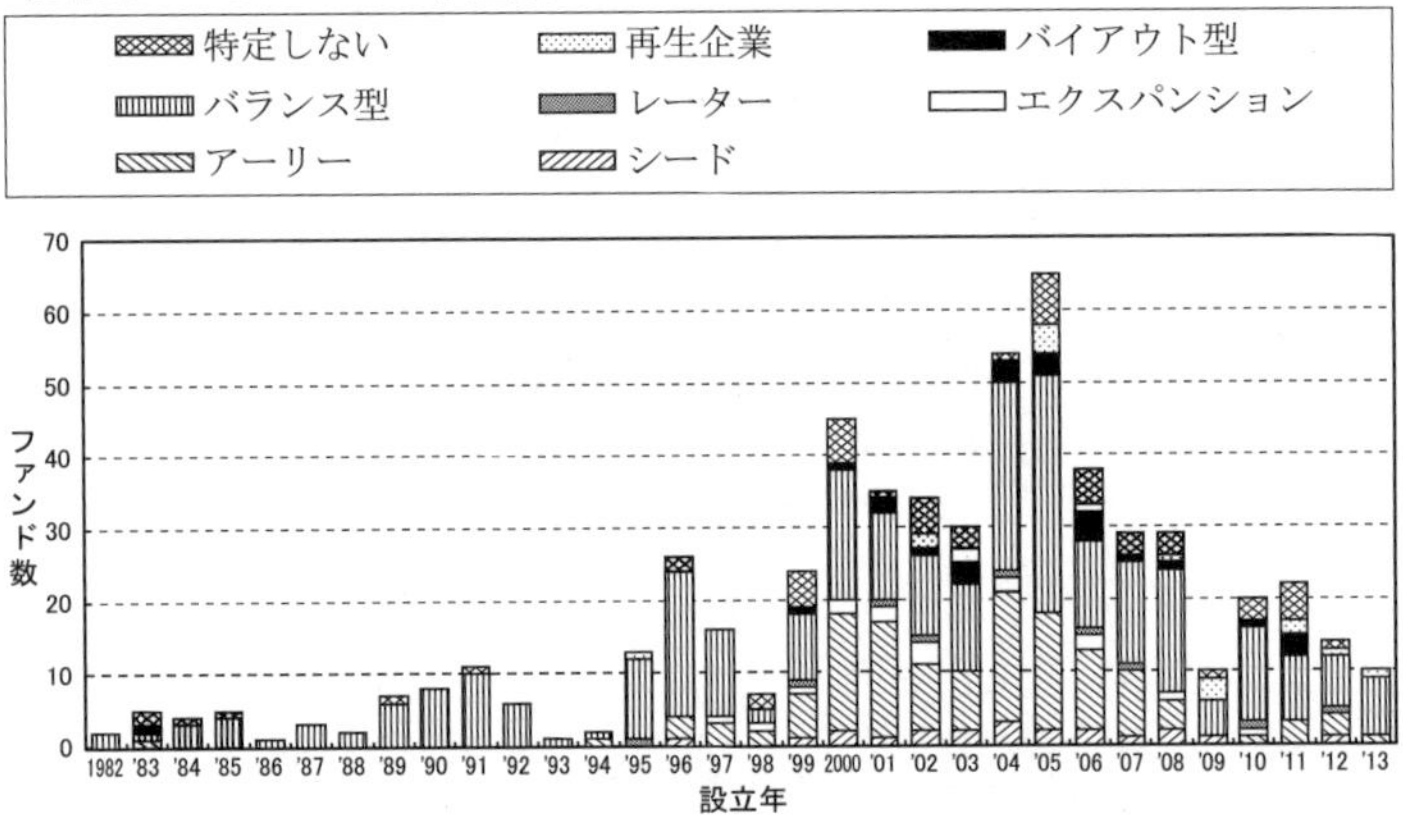

（注）・シード：商業的事業がまだ完全に立ち上がっておらず、研究及び製品開発を継続している企業
・アーリー：製品開発及び初期のマーケティング、製造及び販売活動に向けた企業
・エクスパンション：生産及び出荷を始めており、その在庫または販売量が増加しつつある企業
・レーター：持続的なキャッシュ・フローがあり、ＩＰＯ直前の企業等
・バランス型：様々な発展段階（シードからレーターまで）にある企業への投資を含むファンドの投資戦略
・バイアウト型：バイアウトなどのベンチャー企業以外（再生企業投資を除く）
・再生企業：法的再生企業等
（資料）VEC「2013年ファンド・ベンチマーク調査報告」2014年１月

含む海外へのシフトを進めている様子が窺われる。

収益性については、日本のＶＣ投資の収益性をＶＣファンドの内部収益率（ＩＲＲ）でみると、２００２年開始のファンド（平均運用期間：10年）、２００８年開始のファンド（同：５・１年）、２０１０年開始のファンド（同：３年）、２０１２年開始のファンド（同：１・１年）のいずれにおいてもマイナスになっている（図表Ⅱ-３-２-７）。

通常、ＶＣファンドはＶＢに投資を開始して５年から10年以内に投資を回収する。ＶＢの黒字計上やＩＰＯにはある程度の時間がかかる。このため、運用期間が１年や３年のファンドのＩＲＲがマイナスになるのはやむを得ないとも考えうるが、運用期間が５年や10年のファンドでもマイナスということは、ＶＣ投資が全般的には収益性が低いということを示している。これは、日本で機関投資家、特に年金基金のＶＣ投資の比率が世界的にみると低いことが、リスクとの兼合いで合理的な行動であることを示唆している。

最後に２０１２年度のＶＣファンドのエグジットの状況をみる

（図表Ⅱ－３－２－７）日本のベンチャーキャピタルファンドの内部収益率（IRR）

開始年	2002		2008		2010		2012	
		ファンド本数		ファンド本数		ファンド本数		ファンド本数
合計（%）	−8.63	26	−6.73	17	−8.88	9	−18.02	9
終了（%）	−12.16	12	NA	0	NA	0	NA	0
存続（%）	−6.2	14	−6.73	17	−8.88	9	−18.02	9
平均運用年数	10		5.1		3		1.1	

（資料）VEC「2013年度ベンチャーキャピタル等投資動向調査」（2014年１月）
（注）・IRRは出資額加重平均ベース
・運用期間は、開始から解散日付または2013年6月末の早い方まで

と、株式公開に至ったのは１３８社１４７・２億円と２００８年度（66社、61・２億円）に比べると２倍以上増加している。実現損益も、約１３１億円で２００８年度（約47億円）に比べて大幅に増加している。継続保有分の含み益は83百万円から５、２６４百万円に増加しており、景気回復を受けて、エグジットの環境が改善している模様である。

　また、２０１２年度には、「その他第三者への売却」の金額が１４７・０億円で株式公開に肉迫し、実現損益も22・４億円のプラスになっている。これは、概ねＭ＆Ａに該当すると考えることができるが、ＶＣにとってはＭ＆Ａによるエグジットでも利益を上げたということである。

　上記以外の形態のエグジットの実現損益額をみると、２０１２年度には「セカンダリーファンドへの売却」が27百万円、「償却・清算」が▲７、５４８百万円、「会社経営者等による買戻し」が▲３、０６７百万円、「その他」が１７４百万円であった。「株式公開」と「その他第三者への売却」を含めた合計金額は４、９０８百万円であった。合計金額がプラスになったのは、２００８年度以降で初めてのことであり、ここからもエグジット環境の全般的改善が分かる。ただ、エグジット社数が最多の方法が「会社経営者等による買戻し」であることは２００８年度以降変わっていない（**図表Ⅱ-３-２-８**）。

（４）日本のＶＣ投資の特徴

　ここでは、これまでの議論を基に、日本のＶＣ投資について論じる。最初に日本のＶＣ投資契

（図表Ⅱ－３－２－８）ＶＣ本体及び投資事業組合による投資先企業のエグジットの状況

	2008年度（2008年4月ー2009年3月）				2009年度（2009年4月ー2010年3月）			
	社数（社）	金額（百万円）	実現損益額（百万円）	含み損益（百万円）	社数（社）	金額（百万円）	実現損益額（百万円）	含み損益（百万円）
株式公開	66	6,116	4,682	83	106	2,478	1,178	▲401
セカンダリーファンドへの売却	26	254	60		13	58	26	
その他第三者への売却	77	2,718	222		149	3,475	▲311	
償却・清算	202	4,906	▲5,382		197	3,555	▲2,957	
会社経営者等による買戻し	220	2,028	▲1,485		304	4,641	▲1,964	
その他	79	1,893	283		54	1,318	82	

	2010年度（2010年4月ー2011年3月）				2011年度（2011年4月ー2012年3月）			
	社数（社）	金額（百万円）	実現損益額（百万円）	含み損益（百万円）	社数（社）	金額（百万円）	実現損益額（百万円）	含み損益（百万円）
株式公開	56	2,685	▲5,591	1,532	99	4,290	2,397	3,202
セカンダリーファンドへの売却	4	30	11		5	256	▲29	
その他第三者への売却	171	7,696	809		122	2,984	129	
償却・清算	120	1,224	▲4,017		106	▲2,036	▲3,997	
会社経営者等による買戻し	621	8,659	▲3,165		314	3,176	▲2,865	
その他	71	970	240		53	1,198	▲643	

	2012年度（2012年4月ー2013年3月）			
	社数（社）	金額（百万円）	実現損益額（百万円）	含み損益（百万円）
株式公開	138	14,718	13,087	5,264
セカンダリーファンドへの売却	5	48	27	
その他第三者への売却	149	14,696	2,235	
償却・清算	112	7,577	▲7,548	
会社経営者等による買戻し	288	6,357	▲3,067	
その他	45	1,092	174	

（資料）VEC「ベンチャーキャピタル等投資動向調査」（各年版）
（注）・内訳に無回答があるため、内訳計、合計が一致しないことがある
・「株式公開」の「含み損益」は、未売却分の年度末時点での時価評価による
・「その他」は、社債の償還や融資の返却等

約の特徴と米国との相違点、次に日本のＶＣ投資を規定する諸要因について論じる。

①日本のＶＣ投資契約の特徴

日本のＶＣ投資契約の特徴は、株式買戻条項とオブザーバー条項である。

日本では、米国にはない特徴として投資契約の条項に違反した場合に適用される株式買戻条項が用いられることが多い。例えば、起業家に対する株式公開の努力義務を規定しておき、起業家がＩＰＯをするという方針を撤回することを規定違反として、起業家は株式を買い戻さなければならないとする場合がある。これにより、起業家がＩＰＯを躊躇することをけん制するのである。さらに、投資後一定期間内にＩＰＯが達成されない場合に株式買戻条項の適用を求めることもある。これについては、株式公開の基準を充足しているのに意図的にＩＰＯを行わない、あるいは投資契約の条項に違反した場合だけでなく、起業家が努力したにもかかわらず結果的にＩＰＯに至らない場合にまで買戻条項が発効するのは起業家にとって過酷であるとの批判もある。日本で買戻条項が用いられる理由は、ＶＣが普通株式で投資することが多く、経営者の選解任権を持たない場合が多いので、その代償として位置づけられているためと考えられる。（注37）

次に、米国では、ＶＣが、モニタリングを行うために種類株式等を用いて取締役の選任に関する権限を持ち、取締役をＶＢに派遣することが少なくない。しかし、日本ではＶＣの従業員が投資先であるＶＢの取締役に就任するケースはそれほど多くなく、その代わりに、投資契約にオブザーバー条項を規定し、ＶＣがＶＢの取締役会にオブザーバーを参加させる権限を持つことが多いと言われる。オブザーバー条項活用の背景には、そもそもＶＣに取締役を派遣するキャパシティが不足していることに加えて、ＶＣが社内の人事政策の維持を重視すると言う観点から従業員を投資先のＶＢの取締役とすることに心理的抵抗を感じるという面と、取締役として派遣した従業員が法的責任を問われることに対する懸念（株主代表訴訟、取締役の対第三者責任）、さらには、派遣した従業員に対する使用者責任をＶＣが負うことに対する懸念もあると思われる。

②米国との相違点

ここでは米国との相違点をみてみよう。第一に、ハンズ・オフのポートフォリオ投資である。シリコンバレー・システムでは、ＶＣがハンズ・オン投資を行うことが一般的であることは既に述べた。一方、日本のＶＣ投資の実務では、ＶＢに資金調達のニーズが発生すれば、ＶＣがその時点での追加投資の是非を判断して資金を拠出するケースは少なくないものの、段階的投資によって追加的な資金供給へのインセンティブを起業家に付与するという発想はそれほど一般的ではないようである。むしろ、日本のＶＣ投資では、リスクを回避するために数多くの投資先に資金を分散して投資するとの考え方、いわば「ポートフォリオ投資」としての性格が色濃く見られる。このため、ＶＣのＶＢに対する投資が一回限りになることもある。一部の独立系のＶＣを除くと、ＶＣが取締役を派遣することは少なく、ハンズ・オフ投資が一般的であることも加わり、ＶＣと

ＶＢとの関係がシリコンバレー・システムよりも希薄であるように見受けられる。のみならず、ＶＢは一つのＶＣから受け入れる金額こそ少ないものの、多数のＶＣから資金を調達することによって必要な総額、あるいは必要額を上回る金額を確保することが容易にできるため、段階的投資を志向するＶＣが行うＶＢに対する規律付けが有効性を失うと批判されている（このような状況は、いわゆる「ソフトな予算制約問題」である）

第二に、経営権の安定への企業家の固執がある。シリコンバレーとは異なり、日本のＶＢでは、起業家等が議決権の過半数を維持したままでＩＰＯに至ることが多いようである。この背景として、ＶＣとＶＢの間の信頼関係がシリコンバレー・システムほど濃密ではないことが指摘される。例えば、一定期間内でのＩＰＯの未達成を株式買戻条項の発動事由とすることや日本のＶＣの投資のスタイルがハンズ・オフのポートフォリオ投資でありＶＢの資金需要に積極的にコミットするＶＣがそれほど多くないことが、両者の信頼関係の醸成に影響している可能性がある。

第３に、種類株式の未普及がある。米国では、ＶＣに対してＶＢが優先株式を発行することが一般的である。日本でも、２００１年の商法改正により種類株式が大幅に自由化されたが、実務的にはそれほど普及していないようである。

最後に、ＩＰＯに偏ったＶＣのエグジットがある。欧米では、ＶＣのエグジットの手段としてＭ＆Ａが活用されている（ここでは、ＶＣのエグジットの方法に投資の償却・清算とＶＢの起業家等による買戻しを含めない）。これに対して、日本ではＶＣのエグジットは主にＩＰＯによってなされてきた。Ｍ＆Ａについては、すでに述べたように金額は増加している模様であるが、総じてみると一般化しているとは現時点では考えられていない。株式資本の増強により事業の拡大を強く志向するＶＢにとっては、ＩＰＯはエグジットの手段としてのみならず、ファイナンス戦略としても意味がある。一方、拡大志向の強くないＶＢにとってもＭ＆Ａは検討に値する。Ｍ＆Ａによって吸収されたＶＢの新しいオーナーが大手企業の場合、その大手企業の傘下に入り、大手企業の販売力、ブランド力、資金力、研究開発力やマネジメント力を活用することによってＶＢが提供する商品やサービスのさらなる成長が期待できるからである。この背景には、欧米の起業家の多くは、自分の役割を世の中に今までなかった商品やサービス（つまり価値）を創出することにあると考えており、彼らの中には経営権に固執しないタイプも多いことがある。

　ＩＰＯに比較した場合のＭ＆Ａの長所は、以下の様なものである。

（ⅰ）必要となる時間とコストが少ない。

（ⅱ）ＩＰＯは市況のボラティリティに影響され、想定していた額の資本がタイムリーに調達できない可能性があるのに対して、Ｍ＆Ａの場合は通常、売却金額は大きく変動することはない。

（ⅲ）ＩＰＯの場合、起業家等は「ロックアップ」（株式公開から一定の期間を経過するまで、公開した会社の経営者や他のインサイダーは株式を市場で売却できないという証券会社との協定）期間中は所有株式を売却できない場合があるが、Ｍ＆Ａではそのような制約はない。

③日本のＶＣ投資を規定するその他の要因

その他の要因として、雇用の流動性の低さと、リスク回避的姿勢と失敗に対する非寛容性の２点が挙げられる。

シリコンバレーでは雇用市場の流動性が高いということは既に述べたが、これは失敗を許容・評価する考え方があるため、失敗の経験を持つ優秀な人材が他社で活用されるという循環ができていることによる。一方、日本では、ＩＰＯに至るほど成長できないが、破たんするほど経営が悪化してもいないＶＢ（いわゆる「リビングデッド（生ける屍）」）に人材が固定されることが少なくなく、優秀な人材の流動性・循環が妨げられていると言われる。これは、日本では失敗に対する寛容性が低く、一度起業に失敗すると、起業家として失格の烙印を押されるとの考えを持つ者が多いためと考えられる。

ＶＢはその字義どおり「危険な事業」であり、本来的にリスクを内包しているが、シリコンバレーではリスク・テイクに対する賞賛と失敗に対する寛容性が当然のこととして受け入れられている。貴重な経験である起業の失敗を糧とすることにより、次の起業では成功の確率が高まると考えられているからである。一方、日本では、リスク・テイクに対する賞賛も失敗に対する寛容性も低いように思われる。その原因については、日本の金融システムが不動産担保をもとにしたローリスク・ローリターンの間接金融中心で発達してきたことに伴うものか、既に述べたような教育や文化、あるいは国民性に基づく要因によるのかは、一概には言えない。ただ、これらの要因が複合的に作用してリスク回避的な姿勢が形成されたと考えることに大きな違和感はないと思われる。このリスク回避の姿勢がＶＢとＶＣの関係に大きな影響を及ぼしている。例えば、シリコンバレーではＶＢによる銀行借入れは一般的には忌避される。なぜならば、銀行借入れをしたＶＢは、銀行への元本と利払いを重視した経営を行わざるを得ず、成長のためのリスク・テイクができなくなり、ハイリスク・ハイリターンを志向するＶＣと利害が対立するからである。しかし、日本では、リスク回避のために銀行との関係を構築するとの観点から、借入をするＶＢが後を絶たないと言われており、（銀行系以外の）ＶＣと銀行の利害の不一致を招いている。

また、日本では、ベンチャーキャピタリストについても、金融機関の系列会社のＶＣでは、親会社の人事政策の一環としてＶＣ会社に出向してＶＣ業務に従事するというケースが少なくない。この場合、ベンチャーキャピタリストは一定期間経過後にＶＣ業務以外の部署に異動になる。加えて、通常はストック・オプションなどの成功報酬がなく、取締役に就任するケースも少ないため、投資先となるＶＢを発掘しハンズ・オンで支援することについて強いインセンティブがなく、分散投資でリスクを回避する方向に傾きがちと考えられる。金融機関のみならず日本企業の人事制度は近年多様化しつつあるものの、基本的には年功序列と終身雇用を特徴としている。こうした人事制度が、ＶＣ投資に対するリスク回避的なスタンスに影響していると見られる。

さらに、大企業も、系列外の企業からは、部品やサービスの調達を積極的には行っていないと言われている。これは、大企業の調達担当者が、万一の場合の責任追及を恐れて、実績のないＶＢから製品やサービスを購入することに伴うリスクを回避しがちなためであると考えられる。

(5) 日本のＶＣ投資への提言

最後に、日本のＶＣ投資とそれに関連する環境整備について提言したい。

本節の議論は、日本のベンチャー・ハビタットがシリコンバレーと比較して未成熟であることを示している。特に、「質の高い労働力の流動性」と「リスク・テイクに対する賞賛と失敗への寛容性」という特性を欠いている。このため、現状では、日本のＶＣとＶＢの間での信頼関係の醸成が円滑に行われていない。こうした状況を改善するために、一つの方法として種類株式の積極的活用が提案されている。[注38] シリコンバレーのＶＢとＶＣの間で行われているような段階的投資を行うには種類株式を活用する慣行が定着することが必要と考えられる。この慣行は、同時にＶＣとＶＢの間で事業の成功に関するリスクを分担するためのコミュニケーションを促進するインセンティブを双方に付与し、日本のＶＢとＶＣの両方にみられるリスク回避的姿勢をリスク中立的な方向に動かす効果もあると見られる。これによって、買戻条項を必要としないＶＣ投資契約の慣行を根付かせることにも寄与するものと思われる。[注39]

さらに、普通株式による投資では、ＶＢの経営者が過半数の議決権を維持しようとすると企業価値の半分以下の資金調達しかできないが、種類株式を用いて資本多数決を修正することにより

ＶＢは経営権を維持する一方、ＶＣは投資先であるＶＢの企業価値の半分を超える大きな金額を供給しやすくなり、内需型ばかりでなく世界的な事業展開を目指すＶＢの増加の基盤作りに資することも期待しうる。種類株式によってＶＢの清算時の残余財産の優先弁済権をＶＣに付与することにより、成功の見込みを失ったＶＢを存続させるインセンティブを起業家からなくすことにより、清算を促し雇用の流動性を高める効果もあろう。

また、日本の大学・研究機関からもいわゆる「大学発ベンチャー」の起業がおこり、特定の大学と強固な連携体制を構築し、研究成果の事業化のために、ハンズ・オン投資を行う独立系のＶＣも現われている。こうしたことを変化の兆しとみることもできよう。

実際、改訂再興戦略では、ベンチャー支援の施策として、種類株式活用促進策の検討が表明された。ＶＣ投資への種類株式の活用を起点として、ＶＣ投資に関わるプレーヤーのインセンティブ・メカニズムを変えることによって、日本独自のベンチャー・ハビタットを成熟させることが日本経済の活性化にとって重要であると考えられる。

加えて、改訂再興戦略では、ベンチャー支援に協力的な大企業等から成る「ベンチャー創造協議会（仮称）」の創設も施策として公表され、２０１４年9月に「ベンチャー創造協議会」として正式に設立された。これは、「ベンチャー企業と大企業との連携や大企業発ベンチャーを創出するため、大企業内に眠る起業希望者の一時的な受皿となることも視野に入れつつ、ベンチャー企業と大企業のマッチングやビジネスシーズの事業化を支援するプラットフォーム」であり、大企業がＶＢから製品・サービスを購入しないという課題の解決に資することが期待できるだけでなく、大企業のＭ＆ＡによるＶＣのエグジット戦略の拡大にも寄与するものと思われる。

さらに、（1）で論じた「起業」に関する意識の低調さを改善し、ＶＢ経営者やベンチャーキャピタリストを志向する人材を育成するためには、教育に「起業」の意義、あるいは必要なスキル・知識についてのプログラムを充実することも必要であろう。シリコンバレーでは、ＶＢの規模の拡大に伴い、一定の段階でＶＣが専門の経営者をヘッドハントしてくることが多い。ＶＢ経営に求められる適性は、創業期、拡張期、あるいはＩＰＯ直前の時期で異なるかもしれず、シリコンバレーのような多様な「人材のプール」を拡充するためには、このような教育を地道に進め、国民の「起業」やＶＢに対する意識を変えることが求められていると思われる。これは、現状では一部にとどまっているハンズ・オン投資を促進するためにも必要であろう。

以上のような取り組みを長期的に継続することによってＶＢ、ＶＣの成長をエンジンとして経済の活力の維持・向上を目指すことが、人口減少が不可避的に進行しているわが国にとって重要であると思われる。

【注】

（1）ＤＩＰ：Debtor in possession、ＤＥＳ：Debt Equity Swap、ＤＤＳ：Debt Debt Swap。ＤＩＰファイナンスは、倒産した企業の経営陣が交代せずに引き続き再建にあたる際の資金調達手法。ＤＥＳは債務と株式を交換する債務株式化を指し、ＤＤＳは既往債務をより返済順位の低い債務と交換する手法（例えば通常の借入金を劣後ローンに借り換える）を指す。ともに過剰債務を整理する際などに用いられる

(2) ＡＢＬ：Asset Based Lending。企業が有する在庫や売掛債権などの流動資産を活用した融資手法。融資でなくＣＰ（コマーシャルペーパー）発行によるものがＡＢＣＰである

(3) ＣＬＯ：Collateralized Loan Obligation。金融機関の貸付債権を証券化する手法で、支払優先順位が異なる複数の証券が発行される

(4) ２つ以上の要素が相互に作用し合うことでその総和を上回る効果を生み出すこと

(5) 「対価の柔軟化」に関する規定については企業が敵対的買収に対する防衛策を準備する期間を設けるため、施行日が１年延期され２００７年となった（③「関連法制度等の整備」参照）

(6) ２０１４・１・27日経新聞朝刊参照

(7) Ｍ＆Ａの公式の統計資料はなくその実態を正確に把握することはできない。同社の集計データは、新聞報道などにより公表されたものを扱っている

(8) 経営権を支配する株式取得（株式譲渡、新株引受、株式交換）等

(9) 上場企業の子会社を含むため中小企業とは言えないケースも含む

(10) ただ、一般的に中小企業のＭ＆Ａは秘密裡に行われ、成約情報が公開されない場合もある

(11) ㈱野村総合研究所（２０１３）「中小企業の事業承継に関する調査に係る委託事業作業報告書」Ｐ53

(12) 古瀬公博（２０１１）『贈与と売買の混在する交換』白桃書房参照

(13) 一部の政府系金融機関も仲介業務を行っている。例えば商工中金では１９９８年に担当部署を設置し取引先のＭ＆Ａをサポートしている（２０１２年度相談件数２９３件、成約実績10件）…２０１３・10・７同社担当部署宛インタビューにより確認

(14) １９９７年10月～２０１３年９月累計

(15) ただし、期間中の電話を含む売却相談件数は９５２件

(16) 中堅・中小企業を対象とするM&A仲介機関（インタビュー先）
(17) 中堅・中小企業を対象とするM&A仲介機関（インタビュー先）
(18) ㈱日本M&Aセンターは2012年度実績、㈱ストライクは2014年2月までの累計
(19) 成約金額（売買金額）ではなく移動総資産（成約金額＋負債）とする仲介機関もある
(20) 5〜30百万円以上と幅がある（㈱ストライクWebサイト参照）。また、仲介機関によっては別途、毎月一定の手数料や中間金が発生する報酬体系を採用しているところもある
(21) 2011年10月以降東京商工会議所のM&A業務を引き継ぎ
(22) 小規模企業を除く中小企業。なお、小規模企業は常用雇用者20人以下（卸小売、飲食店、サービスは5人以下）の企業（中小企業基本法の定義による）
(23) 深沼光・井上考二（2006）「小企業経営者の引退と廃業―取引ネットワーク引き継ぎの有効性―」国民生活金融公庫総合研究所『調査季報』第79号参照
(24) 取材協力者…大阪商工会議所／上谷課長、（2013・10・18）、東京商工会議所／大野主査（2013・12・12）、東京都事業引継ぎ支援センター／安藝マネージャー・玉置サブマネージャー（2013・12・25）、㈱日本M&Aセンター／飯野経営企画室長（2013・10・24）、㈱ストライク／石塚取締役（2013・10・24）
(25) 仲介機関から提供される情報や交渉スキル・助言等総合的なサービスの質の良否で判断される問題だと思われる
(26) 大阪府下の簿価純資産50百万円未満の譲渡希望先を対象とする。着手金不要、成功報酬下限2百万円
(27) M&Aキャピタルパートナーズ㈱Webサイト参照
(28) VBの資金調達、あるいはVBへの資金供給。日本ではベンチャーキャピタルによる直接金融に加えて銀行や公的金融機関などによる間接金融が利用されることも多いが、米国ではVBの事業のリスクの高さからベンチャーキャピタルが主たる供給者となる

(29) 「ベンチャーキャピタル」は厳密には、ベンチャーキャピタル運用会社、ベンチャーキャピタルファンド、ないし、ベンチャーキャピタリストのいずれかを指す概念であるが、常に、この３つを明確に区別することは難しく、本節においては、特に区別して用いる必要がある場合を除いて、これらの総称として、ベンチャーキャピタルないしＶＣの語を用いる

(30) ベンチャーファイナンスの方法には、銀行等の間接金融や公的機関による公的資金、あるいはビジネス・エンジェルもあるものの、本節では、中核であるＶＣに議論の対象を集中する。なお、本節の議論は、主に藤野洋「日米のベンチャー・キャピタル投資の『法と経済学（law & economics）』的側面からの考察」（商工金融２０１１年５月）を基にデータをアップデートしたものであり、以下の２冊の図書に依拠している。宍戸善一『動機付けの仕組としての企業：インセンティブ・システムの法制度論』有斐閣（２００６年）（宍戸（２００６））。宍戸善一＝ベンチャー・ロー・フォーラム（ＶＬＦ）編『ベンチャー企業の法務・財務戦略』商事法務（２０１０年）（宍戸＝ＶＬＦ（２０１０））

(31) 同一の起業活動の定義を採用し、１カ国あたり約２０００人の調査対象を、18歳から64歳の国民からサンプルリングしインタビュー調査などを実施しており、日本はベンチャーエンタープライズセンター（ＶＥＣ）が協力している。２０１３年調査では71ヵ国が参加した

(32) 注30の商工金融２０１１年５月号55ページ参照

(33) 注30参照

(34) 主に宍戸（２００６）と宍戸＝ＶＬＦ（２０１０）に依拠

(35) 主に宍戸＝ＶＬＦ（２０１０）に依拠

(36) 資料の制約から欧米は新興市場だけではないことは割り引いて考える必要がある

(37) ２０１３年12月の「金融審議会　新規・成長企業へのリスクマネーの供給のあり方等に関するワーキング・グループ報告」には、「買戻条項等に関しては、ベンチャーキャピタル協会等の業界団体において、起業の阻害要因になっていないかどうかを精査し、その要否を含めた議論がなされることが望まれる」と記

載されている。一方、２０１３年６月26日の第１回会合に招聘された参考人の有識者からは買戻し条項の使用が相当減少した旨の意見が表明された（金融庁Ｗｅｂ）

(38) 以下の提言は、主に宍戸＝ＶＬＦ（２０１０）第３章第５節に依拠

(39) 日本ベンチャーキャピタル協会会長は、２０１３年12月12日の「金融審議会　新規・成長企業へのリスクマネーの供給のあり方等に関するワーキング・グループ」の第10回会合において、種類株式である「優先株の使用頻度が高まって」きたと発言している（金融庁Ｗｅｂ）

おわりに

　本書では、バブル崩壊後の中小企業を巡る金融環境や中小企業自身の財務動向などについて分析してきた。第Ⅰ部では、バブル崩壊後ほぼ一貫して緩和が続いた金融情勢や、その中で起きた金融システム不安、特に中小企業における貸し渋りの問題や、21世紀に入ってからの金融機関によるリレーションシップバンキングの強化など、主にバブル崩壊後に起きた金融環境の激変について分析した。続く第Ⅱ部では、金融環境の激変の中での中小企業の対応に焦点を当て、脆弱とされてきた財務体質や借入依存体質に変化はあったのか、金融環境との関係も含めて分析するとともに、中小企業の発展段階における各ステージの資金調達についても現状と課題を示した。そして、中小企業における特徴的な動きとして、倒産が減っていること、自己資本が強化されてきたこと、一方では収益力には依然として課題があることを指摘した。

　中小企業にとっては借入金も付加価値を生む経営資源の一つである。今後、中小企業は借入金をいかに付加価値の創出実現につなげるかが重要になると思われる。経営の節目となる事業承継におけるＭ＆Ａや、企業のスタート段階におけるベンチャー投資など、中小企業の各ステージにおける資金調達手段については、既に豊富なメニューが用意されている。こうした金融手法を有効に活用し、来るべき少子高齢化・人口減少社会に向けて、中小企業は自らの体力、収益力を身につけながら地域社会とともに新たな付加価値を創造していくことが求められている。一方、金融機関に対しては、中小企業が借入金という経営資源を十分に活用し新たな付加価値を創造していくことを支援することが求められている。そのツールが、リレーションシップバンキングによる中長期的な視点に立った中小企業金融であると思われる。

あとがき

本書は、３名により執筆している。第Ⅰ部第１章、第２章と第Ⅱ部第２章１を赤松健治調査研究室長が、第Ⅱ部第１章、第２章２と第３章１を筒井徹主任研究員が、第Ⅱ部第３章２を藤野洋主任研究員が、それぞれ担当した。

既発表論文と本書の章構成との関係は、以下の通りである。

第Ⅰ部第１章　赤松「中小企業の金融環境の変遷」（商工金融２０１１年７、８月号）
第Ⅰ部第２章　赤松「中小企業の金融環境の変遷」（商工金融２０１１年７、８月号）
　　　　　　　酒井「中小企業のメインバンク・システム」（商工金融２０１０年12月号）
　　　　　　　赤松「地域金融における社会貢献」（商工金融２０１２年12月号）
　　　　　　　赤松「企業間信用と電子取引」（商工金融２０１３年２月号）
第Ⅱ部第１章　筒井「倒産動向と中小企業の財務」（商工金融２０１３年４月号）
第Ⅱ部第２章　赤松「中小企業の財務構造の変遷」（商工金融２０１２年７月号）
　　　　　　　筒井「中小企業の借入構造」（商工金融２０１３年11月号）
第Ⅱ部第３章　筒井「中小企業とＭ＆Ａ」（商工金融２０１４年９月号）

藤野「日米のベンチャー・キャピタル投資の『法と経済学』的側面からの考察」
（商工金融２０１１年5月号）

なお、各章とも本書作成に当たり大幅な加筆、修正等を行った。また、本文中で参考とした文献等については原論文の掲載誌「商工金融」を参照されたい。

本書の作成に際しては、ご多忙中にもかかわらず多くの企業の経営者、役職員の方々に貴重な時間を割いてご協力いただいた。心よりお礼を申し述べたい。

金融環境の変化と中小企業

平成27年２月13日　初版発行

定価：本体1,429円＋税

編集・発行

一般財団法人　商工総合研究所

〒135－0042　東京都江東区木場５-11-17

ＴＥＬ　03（5620）1691（代表）

ＦＡＸ　03（5620）1697

印　刷

三晃印刷株式会社

ISBN978-4-901731-21-8　C2034　¥1429E　（再生紙使用）